美麗島・台湾
自転車紀行

旅する自転車で、知られざる観光スポットや環島（台湾一周）を走る台湾 5000㎞

神谷　昌秀

はじめに

美しき麗し（うるわし）の島・美麗島（びれいとう）台湾。

16世紀の大航海時代、先住民族が住む台湾へ初めて到達したヨーロッパ船は、ポルトガルの船だった。緑に覆われた台湾島を見て、「Ilha Formosa（何と麗しい島だ！）」と船員が感動して叫んだことから、台湾は別名で美麗島と呼ばれるようになった。

近年、台湾は日本人に大変人気が高い国となった。頷ける、距離は近いし、食べ物は美味しくて安い。国交こそないが気軽に訪問でき、美食や観光を簡単に楽しめる国、しかも、大変な親日国だ。

自分は仕事で何度も訪問した台湾だったが、ある時、プライベートで台北を訪れ、市内でレンタサイクルを借りて、淡水河周辺を走った時、広大な自転車道や自然、これまで見て来た街中とは全く違う素晴らしい風景などに驚嘆した。

今、日本への観光情報は溢れるほどに提供されているが、そのような観光情報にはない魅力的なスポットや美しい自然、歴史、文化、人情

などが沢山あることに気付いた。

特に、サイクリング環境は、世界屈指の環境が整っており、日本とは全く次元が違う。台湾には、GIANTなどの世界的企業があり、その社会貢献活動や行政施策などによって、台湾を一周する環島1号線や各地域の自転車環境整備が進すみ、日本とは比較にならない高次元な環境となっている。写真は、台湾東側海岸にある花東海岸公路だが、このような道路が一般的で、チャリダーにとっては大変素晴らしい環境だ。

訪れる度に凄い環境だと感心しながら、その魅力にハマってしまい、毎年数回、自転車旅を続けてきた。急峻な渓谷や絶景、のどかで緑豊かな田園風景や真っ青な空と紺碧の海、その間を延々と続く自転車道。そして、古くからの日本との関わりや偉人達の業績、先住民族達の営みなど、この本を通じて日本の方々へ伝えたい。

特に、チャリダーには、その素晴らしい自転車環境などに興味を持ってもらい、日本には紹介されていない知られざる台湾を走ってもらいたいと筆をとってみた。

私のルートや情報が、日本の方々に参考となり、台湾を旅してみよう、走ってみようと思う人が一人でも多くなって欲しい。

この本が、そのような日本と台湾の懸け橋になれば良いと願っている。

２０１８年4月　神谷　昌秀

目次

第１章
環島
ファンダオ・台湾一周

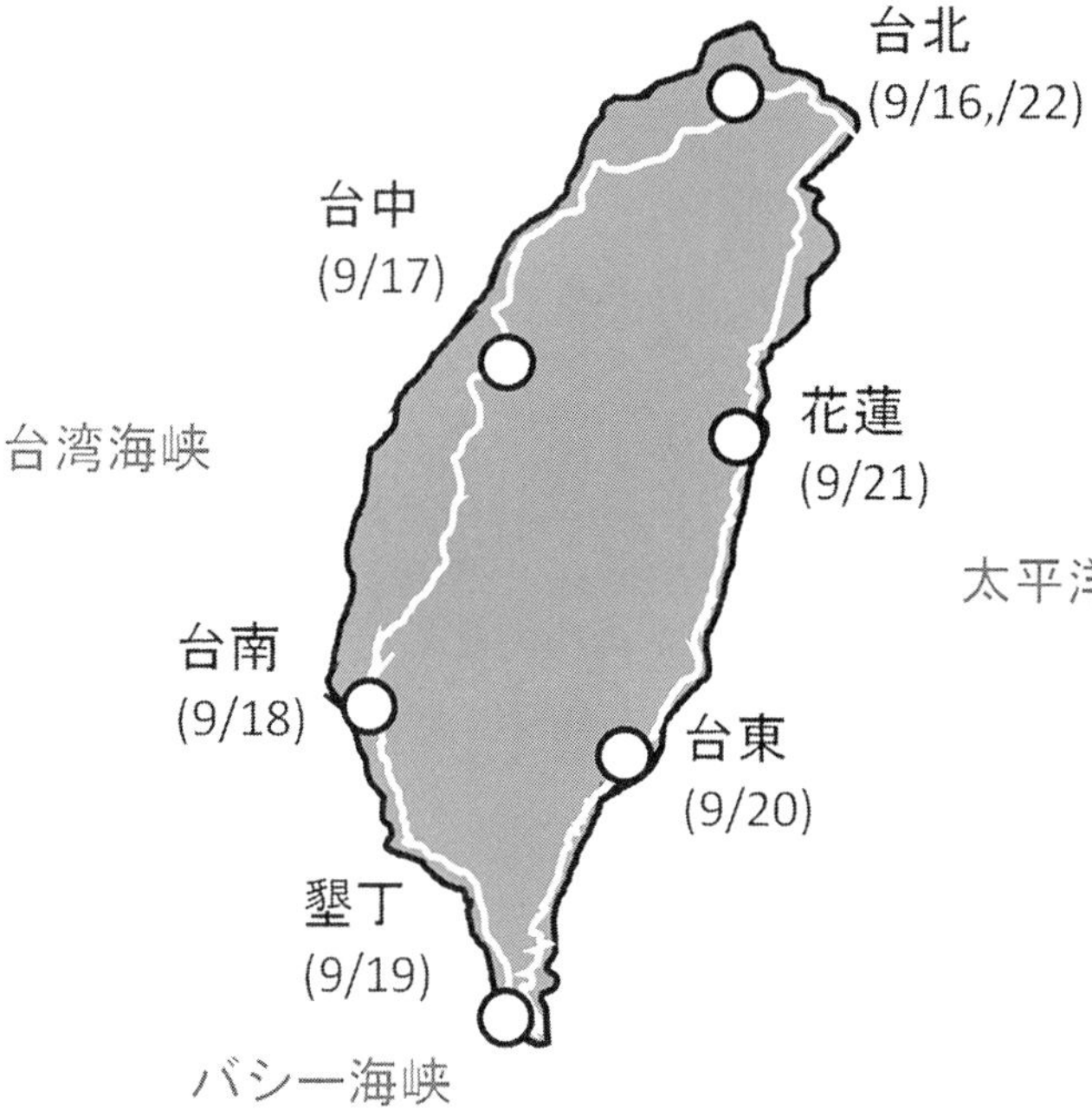

１．環島（ファンダオ・台湾一周）

○台湾で大人気となった環島

「環島」とは、台湾を一周することを言う。台湾は九州と比べて、面積はほぼ同じ、人口は２倍、経済活動は３倍くらいだ。従って「台湾環島」は、九州一周と理解すれば分かりやすい。旅慣れたチャリダーには、それほど大した距離ではない。

台湾では最近、環島が大変なブームとなり、台湾一周１０００ｋｍ程を自転車やオートバイ、徒歩など、多くの人達が様々なスタイルでチャレンジしている。

みなが皆、健脚のチャリダーではない。老若男女、それぞれのスタイルだ。クロスバイクが一番多い。次に、マウンテンバイクやロードバイクだ。

２０１５年にはそのような人達のために、台道１号線と台道９号線を基本に省道や県道なども含めた総延長９６８ｋｍの自転車道「環島１号線」が整備された。また、その支線となる１７カ所・２３５ｋｍを含めると総延長は１，２０３ｋｍとなる。これらに伴って、全国の派出所やコンビニでのサポート環境、環島専用の旅行会社など、社会的な取り組みとして、その社会環境整備が進んでいる。

また、台湾各地の街には数多くの自転車道があり、自分には把握しきれない程である。

その多さだけでなく、走り易さ、安全性なども含めた自転車環境は、日本と比べると、全く比較にもならない程の大きな差があると言うのが現状だ。

台湾を走れば走るほどに、自分が住む九州と何故ここまで共通点が多いのかと、いつも不思議に感じてしまう。面積はほぼ同じで、一周距離はほぼ１０００ｋｍ。西側はどちらも新幹線や高速道路が整備されて、大都市が多い。しかし、東側は自然が豊かで山間部の比率も高く、新幹線や高速道路の整備は十分ではないため、交通手段は在来線の鉄道と国道が主力である。

中央には何れも山岳地帯があり、九州では阿蘇や九重など１０００ｍ級の山岳地帯だが、台湾は玉山など３０００ｍ級となる。その山岳地帯は、世界に類を見ない急峻な渓谷や山稜で大変険しく、その景観は素晴らしい場所が多い。

東側の主要都市である花蓮と台東の間には海岸山脈が約２００ｋｍに渡って連なり、その東側の海岸沿いには花東海岸公路（１１号線）、そして西側の中央山脈との谷間には花東縦谷公路（９号線）が走り、何れも自然豊かでとても美しい地域だ。

台湾各地の中で、自分が最も心時めき、これ以上ないくらいにロングライドを楽しめる一番の地域だ。

・環島の標準的な距離と日数、回る方向

一周コースは大まかに言うと、環島1号線を基準にした小回りコース約９００ｋｍが最短で、海岸沿いを大回りに走るコースの約１２００ｋｍが最長となる。自転車ならば、この距離を９日間から１２日間で走ると言うのが標準パターンだ。でも自転車なので、自分の条件にあわせて自由気ままに走りたい道を走れば良いと思う。

回る方向は、台湾を時計回りに回るか、反時計回りに回るかだが、一般的に、台湾には北西からの偏西風が吹いている。台湾西側は、北西風が強く吹く地域であるため、風力発電施設が数多く設置されている。

一方、東側は北風が多く、北東海岸ではその風が強い時があるが、東部や南東部ではそれほどでもない。

従って、回るなら反時計回りが得策だ。反時計回りならば、西側では強い北西の追い風で一気に快走する。逆に、時計回りで回ると、東側では弱い追い風、そして西側では強い向かい風となる。そのため、殆どの環島チャリダーは反時計回りで走っている。時計回りでも良いが、結構辛い思いをすることになる。

自分は台湾での自転車旅を始めて7年程が経つが、勤め人であるため、なかなか長期休

暇が取れず、これまでは連休などと合わせた数日が精一杯だった。そのため、台湾各地を細切れに走り回る日々が続いてきた。

日程に制限がある自分にとって、環島は退職後のことと、これまで思っていた。

しかし、６０歳の還暦を迎えた退職の年、退職の特例措置で長期休暇が思わず舞い込んで来た。「ヤッター！　今年行くぞ！」と心に決め、長期休暇と言う大義名分を胸に９日間の休暇を使って、還暦チャリダーの挑戦を始めることにした。

台湾一周の行程を計画する。

福岡と台北との往復に余裕をとって、それぞれ前後１日。あと残りの７日間で一周、一日平均１５０ｋｍを走れば大丈夫だ。これまでの経験で必ずどこかで雨が降るが、雨になっても１日１５０ｋｍなら、台風でも来なければ何とかなる距離だ。

これまで台湾各地はかなり走り回って来たので、今更、ブラブラとゆっくり回る必要もない。今回は、とにかく7日内で環島を完結させること。６０歳の挑戦、ガツガツ走ろうと決めた還暦チャリダーの挑戦が始まった。

◯還暦チャリダー、いざ出発！

・第１日目（台北出発）

２０１７年９月、空が少し明るくなってきた夜明け前の台北駅前で、左足のペダルを踏み込む。「カッチ！」とクリートが小気味よい音を立て、自転車は滑るように西へ走り始めた。

いよいよ夢に描いて来た、環島のスタートだ。

早朝の台北駅から走り出して、西へ少し行った淡水河川敷に、いつも立ち寄る「大稲埕碼頭」がある。ここは、台北チャリダーの集合場所だ。特に、週末の早朝は多くのチャリダーが集い、思い思いの走行のスタート地点になっている。

自分も台北駅前をスタート地点としたけれども、少し遠回りしてここに立ち寄り、改めてスタートを切ることにした。近くにいたチャリダーに写真を撮ってもらい、「今から、環島に行くよ」と言うと、彼は「一緒に写真を写ろう」と何枚も写真撮影することになった。

とりあえず今日の目的地は台中、約１９０ｋｍ先だ。

朝の国道を走るより、淡水河川敷には、立派に整備された自転車道が沢山ある。淡水河濱自行車道や大漢渓自行車道を快適に走って、工業地域の新竹を目指すことにした。

淡水河濱自行車道から大漢渓自行車道へは、環河快速道路に架かる大きな華江橋を渡る。自転車がこの橋を渡れるように、大変長いスロープが設置されており、環島1号線に指定されている所だ。スロープの傾斜は８％程度なので、自転車でそのまま上って行ける。

この橋を渡り切り、大漢渓自行車道に入る。

多くのチャリダーに交じって進むと、新月橋が出て来る。

この新月橋は、淡水河の東側から西側へとつながる自転車専用のとても大きな橋で、多くのチャリダーが行き来している。こんな橋が日本にも幾つもあれば、良いなといつも思う。

大漢渓自行車道は、淡水河の西側の堤防上に設置された快適な自転車道だ。

どんどん進んでいくと、スイカを沢山並べたエイドステーションが出て来た、何人ものカメラマンが道路脇に三脚を立てて、撮影の準備をしている。そのまま進んでいると、

必死に走る一人のランナーとすれ違う。暫くして、数人のランナーともすれ違う。

これはマズイ、マラソン大会だ。

このままだと大勢のランナーと正面からぶつかり合い、自転車が走れなくなると気づいて、堤防下の国道へ移動することにした。

案の定、直ぐに堤防一杯を走るランナー達が大勢やって来た。

横目で見ながら、みんな頑張れ！と声援して、自分も新竹を目指して西へと必死にペダルを漕ぐ。

台道1号線の竹南高流道を走り、新竹の大きな市街地が見えて来た。新竹は、仕事で何度も来た街だ。今更と思いながら、立ち寄らずに先へとペダルを漕ぐ。

1号線から61号線に入った辺りで、リアディレーラの調子が今一悪くなったため、上り道で切り替えをコチョコチョしていると、後ろからトライアスロンバイクの二人組に一気に追い越された。台湾では、豪快に走るトライアスロンバイクに一気に抜かれることが時々ある。今回もそうだ。

でも、暫く走っていると、前方に見える彼らは小さくなって行かない。

35km／h位に速度を上げると、少しずつ近づいて来た。そんなには速くはないのだ、追いつける！、ひたすらペダルを回し、彼らの後ろに辿り付き、三人でのトレインを始めた。暫くして、彼らは自分が後ろに付いていることに気づいた。

かなりの距離をそのまま走行したが、緩やかな上りが出て来て、若干彼らの速度が落ちて来た。自分は我慢できなくなり、彼らの前に出て、緩やかな上りをグイグイとペダルを漕いで上って行く、一人は自分の後を追って来たが、もう一人は追って来ない。

長く緩やかな上りが終わり、これで終わりかと思った途端、前方にはもっと大きな上りが出て来た。「ハア〜、やめた！」とペダルを緩めた瞬間、追っていた一人に一気に抜かれる。

彼は、右手親指を上げて「じゃあな！」と気持ちよさそうに抜き去って行った。

その長い上りの頂上は「好望角」と言う展望台で、台湾で一番多くの風力発電用風車が設置されている場所だった。展望台には多くの観光客が来ていて、出店も沢山ある。みんな、西風で押し寄せる波の海岸や風車に見入っている。

トライアスロンチャリダーとの走行も楽しかったが、少々疲れたので、出店でソフトクリームや飲み物を買い、出店にいた子供と遊びながら暫く休憩する。

再び1号線へ戻り、大変長い大甲渓の橋を渡って、川沿いの道を走り、台中近くにある緑豊かな林の中の潭雅神緑園道と言う自転車道を走り抜けて、夕暮れの台中市街地に到着した。

宿をどこにしようかと思いながら、ウロウロとしているうちに、何度か泊まったことがある台中駅前の連れ込み宿に辿り着き、「部屋はありますか？」と聞くと、「あるよ」とそっけない返事。

疲れた体に、もう余力はあまりなかったので、そのまま宿泊することにした。初日は、とりあえず目的の台中まで何とか辿り着けた。走行距離は１９４ｋｍだ。

・第2日目（台中出発）

２日目の早朝、また夜明け前に台中駅前から走り出す。朝早いので車の通りは少なく、快適に市街地を抜け、台１号線に合流する。台１号線を１時間ほど走り、大肚渓に架かる物凄く長い大度橋を渡り、彰化の街に入った。

彰化の市街地に入ると、朝の通勤ラッシュにハマってしまい、スクーターの大渋滞で先へ進まなくなる。交差点では、凄い数のスクーターが往来している。後ろに子供を一人二人と乗せ、学校に送って行く母親のスクーターが特に多い。「お母さん達、みんな頑

張っているんだ」と感心しながらペダルを漕ぐ。

交差点で停まる度に、何人ものスクーターから声をかけられる。自転車の後ろに付けている凄く明るいキャットアイ製のフラッシュライトが注目の的なのだ。

それくらいに目立っているのだと、少し安心する。

何とか彰化市街地を抜け、環島1号線にも指定されている台道1号線を更に進むと、嘉義の街に入った。嘉義は、日本統治時代に甲子園の決勝まで進んだ高校があった街で、ロータリーにはその記念碑がある。

街を抜けると、台道1号線の上に、北緯23．5度の北回帰線のアーチが出て来た。半年前にもここに来たが、その時、記念碑の前で写真を撮ってもらおうと声をかけたオジサンから、次から次へとモデルのように凄い数の写真を撮ってもらうことになってしまった。

この北回帰線から先は、いよいよ熱帯だ。

快適に1号線を進むと、目指す台南まで51kmの標識が出てきた、もう少しだ。台南に入る前には、どうしても寄っておきたいお寺がある。

鎮安堂、祀られているのは、日本軍人の杉浦中尉だ。

戦時中、台南を襲った米軍機と戦った際、迎撃されて街中に墜落しそうになった機体を立て直して、何とか郊外の畑へ向かい、墜落して亡くなった。

街を墜落による火災から守った杉浦中尉を祀ったお寺だ。その日も記帳された名簿には、数名の日本人の名前があった。毎週、週末には数十人の日本の方々が来られている。日本人ならば、台南に行って時間があれば、是非、寄って欲しい場所だ。

台南市街地に入り、ＧＩＡＮＴショップに立ち寄る。

「リアディレーラの調子が悪いので、調整してください」と言うと、「ガチャガチャするのか?」と聞かれ、「そうなんだ」と言うと、それまでやっていた自転車の組み立て作業をやめて、直ぐに調整してくれた。

調整しながら、「日本人?」、「そう日本人。日本から来て、環島中だ。昨日、台北から走り始めて、今日が２日目」などと話しているうちに、調整が終わる。

「料金は、いくらですか?」と聞くと、「日本人だから、お金はいらないよ」と言われる。親日の恩恵に、感謝感謝の気持ちで一杯になる。

しっかりとお礼を言って、快適に走り始めた自転車は、直ぐに中心街へ到着。

古都・台南には、寄りたい場所が沢山ある。

先ず最初は、台湾で最も古く歴史がある台南孔子廟だ。夕日を受ける孔子廟の前に自転車を停め、中に入って、お参りをする。何回来ても、心が洗われ、神聖な気持ちになる。

もう夕方なので、先ずは宿を決めないといけないと思い、孔子廟の受付の方に、「近くに宿はありますか?」と聞くと、「直ぐそこの交差点に安い宿がある。もう少し右に行けば、新しいホテルがあるが、少し高いよ」と言われ、真っ先に安いと言う宿に行ってみる。

「今日、一部屋ありますか?」と聞くと「あるよ」と言うので、値段を聞くと「ツインベッドの部屋で、800元(約2800円)」だ。

まずまずだと思い、即そこに決め、部屋に入るととても立派な部屋だった。その建物は、会議室や宿泊部屋がある商文教会館と言う建物だった。

安くて非常に良い、しかも孔子廟の目の前にある、次回来た時も必ずここに泊まることにしよう。

いつものように部屋でシャワーを浴び、しっかり濡れた

ウェアを洗濯して、部屋に干した後、着替えて街へ出かける。

台南では、どうしても食べたい物がある、「安平豆花」だ。美味しい食べ物が沢山ある台湾の中で、自分が最も美味しいと思っている食べ物だ。凄く喉越しが良い豆腐に、タピオカと豆乳、シロップをかけた物だ。これを食べずに、台南を通過して行くことは、自分にとって大きな悔いが残る。夜の街を自転車のライトを点けて、中山路店まで食べに走る。ああ、美味しい！　何度食べても美味しい。ああ、幸せだ。

２日目は、予定通りに台南まで来れた、今日の走行距離は１６８ｋｍだ。

・第３日目（台南出発）

３日目の目的地は、最南端の墾丁まで約１３０ｋｍ位だ、いつもより距離が短い。しかも、ホテルには朝食が付いていたので、出発が少し遅なっても大丈夫だと思い、朝食までの時間に、孔子廟横にある小学校のグランドに出かけてみた。

台湾の公園などには、早朝いつも体操やウオーキング、太極拳など、体を動かしている人達が多く集まっている。出かけた小学校のグランドにも、歩いている人、グループでラジオ体操している人などが大勢いる。

ラジオ体操は、音楽に合わせて一斉に体操を行っている。日本とは言葉や動作が若干異なるが、殆ど同じだ。自分も見様見まねでやってみる。爽快だ！

ホテルでの朝食をしっかりと済ませ、7時半に南へ向かって走り出す。いつもより、1時間半遅いので、距離にすると約30km位のハンデがある。先ずは、40km先の台湾第二の都市・高雄だ。

軽快にペダルを漕ぎ、台道1号線を走って約2時間で高雄を通過。市街地には入らず、先を急ぐと、仁武郷の道沿いに永和豆漿と言う美味しそうな豆乳屋さんを見つけた。早速立ち寄って、豆乳と大きな肉まんを買い、美味しくいただく。

高屏渓に架かる、またまた長い新雙園橋を渡り、屏東県に入る。道路際には、休憩所になっている派出所の看板が立っている。環島に挑戦する人達のために、台湾各地の派出所には、水や空気入れ、トイレなどが整

備されている。これも凄いことだ。

台道1号線から17号線に入り、大鵬湾に差し掛かる。

ここは、浜名湖や宍道湖のような入り江になった風光明媚な場所で、海に面したところに高い橋が架かっていて、遠く台湾海峡を見渡すことができる。その高い橋を通過し、先へ先へとペダルを漕いで行くと、いよいよ台湾海峡沿いの台道1号線を走ることになる。

普段なら、ここからが景色が良く、北西の追い風を受けながら快走できるところだ。

今日は、出発した台南は天気が良かったが、ここまで来て段々と空が怪しくなり、台湾海峡には雨雲が見え始めた。進めば進むほど、雨雲が近づいて来る。

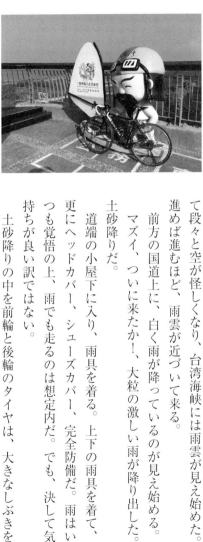

前方の国道上に、白く雨が降っているのが見え始める。

マズイ、ついに来たか！、大粒の激しい雨が降り出した。土砂降りだ。

道端の小屋下に入り、雨具を着る。上下の雨具を着て、更にヘッドカバー、シューズカバー、完全防備だ。雨はいつも覚悟の上、雨でも走るのは想定内だ。でも、決して気持ちが良い訳ではない。

土砂降りの中を前輪と後輪のタイヤは、大きなしぶきを上げながら進む。台道1号線沿いの枋山郷には、いつも寄りたいファミマがある。

このファミマは、環島に挑戦するチャリダーを歓迎するように、食堂やトイレマークの横に自転車の表示がある。

大雨の中の小休止に立ち寄る。そこには、既に環島中のチャリダーが一人いて、ちょうど出発しようとしていた。軽く挨拶して入れ替わって休憩に入る。

風光明媚な台湾海峡を望む立派な休憩場所に行くが、大雨で全くダメだ。

１０ｋｍ程進むと小降りになって来て、先に出て行ったチャリダーが前方を走っている。追いついて横に並ぶ。彼から「日本人ですか？」と言われる。やはり発音がおかしいので、直ぐに分かるのだろう。

「そう、日本人。日本から、環島しに来たんだ。」などといろいろ話しているうちに、彼

の方から「自分の自転車はランドナーなので遅い。ゆっくりゆっくり行くので、先に行けよ。」と言われ、「じゃあ」と先に行くことにする。

自転車はどんどん1号線を南下し、ついに1号線終点の楓港に到着。ここから台湾東側の台東へは、殆どの車が左折する9号線で山越えをして行く。一般の環島チャリダーは、ここで左折するのが標準だ。

しかし自分は、最南端を目指すので、そのまま車城、恒春、墾丁へと更に南を目指してペダルを漕ぐ。恒春へは、環島1号線の支線２０号線が設置されているので、これを進めば良い。

また、雨が強くなって来た。恒春には、絶対に寄らなければいけないお寺がある。海音寺と言うお寺で、台湾の南にあるバシー海峡を望む高台に建てられている。戦時中、１０万人以上の日本人が、このバシー海峡で亡くなった。

そして、ここ恒春の浜に打ち上げられた沢山の遺体を地元の方々が引き上げ弔ってくれた。中には、まだ生きている方もおられたそうで、その救命もしたと聞く。

沢山の亡くなられた方々を慰霊するために、地元の人達が建立したのが、この海音寺だ。日本人なら、立ち寄らずに先へ行ってしまうことは許されない。

今日は出発が少し遅れたことと、大雨の影響で、距離が伸びず、既に辺りが暗くなってきた。薄暗くなった大雨の中を海音寺目指し、ライトを灯して坂を登って行く。そして、暗闇の中、ついに海音寺に到着した。

真っ黒な慰霊碑があり、もう既に暗かったが、丁寧に心を込めてお参りをする。

宿泊する墾丁まではもう少し距離があるので、来た道をまた引き返し、大雨の中を墾丁へとペダルを漕ぐ。そして、夜8時半過ぎに、明かりが煌々とついた墾丁の歓楽街に到着した。観光地で大変賑わいだ、夜でも道路一杯に皆、闊歩している。

その中を掻き分けて自転車で進んでいると、スクーターの女性が走りながら横に寄って

来て、「良い宿があるよ」と誘う。「予約した宿があるから、大丈夫だ」と大雨の中で振り払いながら先へ走る。

今日は出発が遅く、大雨であまり走れなかった。海音寺まで少し遠回りしたことで、130km位と思っていた行程は、172kmも走ることになってしまった。

・第4日目（墾丁出発）

4日目の夜明け前、墾丁のホテル真向いにあるファミマで、おにぎり2つとバナナ4本、パン2個、スポーツドリンクと水を買って、サドルバッグに押し込む。

台東を目指す今日の行程は、最南端でも道路があまり整備されていない東側で、山岳地帯と海岸沿いの道路のアップダウンが続くが、詳細な情報は良く分からない。補給場所がなかった場合、下手すると60~70kmの山岳地帯を無補給で走り続けることになる。行ってみないと分からない。

そのため、いつもは携帯しない補給食などを多めに買って、サドルバッグに積み込み、先ずは、10km程先にある最南点碑の鵝鑾鼻を目指して、夜明け前の静寂な空気の中でペダルを漕ぎだす。昨日の雨で、路面はしっかりと濡れているが、車がいない道路を自転車は、路面のタイヤ音だけを響かせながら静かに走って行く。

鵝鑾鼻は灯台がある公園と最南点碑がある場所は少し離れていて、以前来た時は場所が分らず迷ってしまったが、今回は一目散に台湾最南端碑を目指して、林の中の遊歩道を下って行く。

早朝なので、誰一人いない台湾最南端碑を独り占めにする。最南端の周辺は、岩礁に覆われた広大な海岸に波が押し寄せている。

暫く雰囲気を堪能した後、これからは北上して、あと半分の500km先の台北を目指すんだと言う強い思いで、この場所を離れる。

国道に出るまで戻り道は、傾斜10％以上の急勾配だが、ダンシングで何とか登る。国道は環島1号線の20号支援に指定されていて、とりあえずこの道を北上すれば良いのだが、結構な上りが続く。暫く登って行くと、左側には広大な緑の草原が現れ始めた。そして、右眼下には砂の海岸線が続き、その間の丘陵地帯には真っ直ぐな道路が続いている。

この辺りは「風吹沙」と呼ばれている場所だ。正にその名の通り、風が強く砂の海岸線だ。北東の強い向かい風に立ち向かいながら、草原の真っ直ぐな道をグイグイと進んで行く。

軍のレーダー施設が出て来て、そこにある吹き流しが風で真横になっている。また、小雨が降り出した。直ぐにまた雨具を着込む。う〜ん、何とも辛い。

暫く進み、海岸へ下って行くと、先住民族が住む満州郷に入った。海に注ぐ川に大きな吊り橋があり、その上を人が渡っている。何とも幻想的な風景だ。

今日の目的地、台東までは海岸沿いを快走したいところだが、台湾で最も開発されていないこの辺りには、海岸線の道が繋がってない。山が海に落ち込んでいるため、海岸に点在する村へはその都度、山からの道を下っては上ることの連続だ。

時々出て来る海岸の休憩所は、流木で作られたとてもワイルドな感じ、雑誌の写真にでも出て来るような雰囲気がある。もし、時間が十分にあれば、このワイルドな地域を堪能し、その自然を感じるときっと素晴らしい場所だと思いながら、ひたすら上り下りの厳しい道を先へペダルを漕ぎ続ける。

海岸線の道を進んでいると、道端の木が大きく揺れている。よく見ると、猿達が木に戯れている。以前、合歓山の標高3275m武嶺からの下り道で、猿に出会ったことがあるが、その猿は非常に毛深かった、今回の猿達は、日本猿に近い感じだ。

その脇を自転車で走り去り、暫く森の中の道を進んでいると、急に前方の空に轟音と明光を放って、ミサイルが何発も何発も飛んで行く、「エエ〜!」。まるで映画のようなシーンだ!。日本人には全く想像もできない場面に遭遇し、足が立ち止まる。

台湾でも北朝鮮のミサイル問題が、何度も報道されているが、その演習かと思えるようなシーンで、目の前を次から次にミサイルが飛んで行く。

他に回避する道がないので、そのまま森の中を進んで行くと、軍の警備兵が道路を封鎖していた。「演習中なので、道路は通れない」と言われる。「この道はもう通れないのか?」、いつになったら通れるのか?」などと聞くと、警備兵は携帯電話で確認し、「あともう少しすれば、通れるようになるはずだ」と言うので、そのまま待つことにする。

暫く待っていると、次々にミサイルが何十発も発射された後、道路封鎖が解除されて、通って良いと言うことになった。自分の自転車が先ず走り出し、後続の自動車も続いて走り出す。暫く進むと、森の中に、次から次に軍事施設が現れて来た。

そこで演習が行われていて、物凄い数の装甲車やトラックなどが並んでいる。

女性も含めた沢山の兵士がいて、今回の演習が無事に終了したことを皆、安堵している様な雰囲気だ。その中を場違いの自転車は、足早に走り抜けて行く。

必死に走り抜けて行くと、海岸線の道と「台東」と書かれた山へ上る別れ道が出て来た。分れ道には派出所があったので、これ以上の上りは避けたいと思いながら、派出所に入って警察官に「海岸の道で、台東へは行けないのか?」と聞くと、「ダメ！ダメ！ダメ！」、道はない」と３回もダメ出しされた。

仕方ないので海岸線の道を諦めて、「台東」と書かれた標識に従って、また標高５００ｍの山道を上ることにした。辛抱しながらひたすら山道を上り、下っては上りと言う道を走っていると、後ろから轟音を立てながら沢山のスポーツカーが来ていることに気付いた。

上り坂を必死に上がっている自分の横を９台のフェラーリが、一気に次々と追い越して行く。しかし暫く進むと、追い越したフェラーリがみな停まって並んでいる。

近づいて行くと、道路が水浸しで泥んこ道の状態だ。そのままではフェラーリは走れず、立ち往生しているのだ。

その横を、我が自転車は、泥まみれになりながらも、さっさと走り抜けた。

一気に、9台のフェラーリをゴボウ抜きにしたのだ。抜かれたフェラーリに乗っていた人達は、何と思っただろうか？

更に、必死に山道を進んで行くが、食料も飲み物も残っていない、足ももう残っていない、厳しい。

そしてついに、恒春から続いて来た厳しい環島20号線が終わり、標準の環島1号線に出た。一般のチャリダーが来る車城からの最難関峠である「壽卡鉄馬駅站」に合流した。

左へ行けば環島の西向き、右へ行けば環島の東向きだ。自分は東へ向かえば良いので、やっと台東への目途が付いた。駅には、車城からの環島チャリダーが3人休憩していて、挨拶をしながら「疲れたね」と言うと、「きつい、きつい」と彼らも口々に言う。

駅には給水器があり、無くなった水をタップリと補給し、暫く休んでから台東への下り道を走り出した。長い下り道を50km／h位で、一気に下りて行く。下り終えると、コ

ンビニがあり、そこで大休止を取ることにした。いつも通りのおにぎりやバナナの他に、多過ぎるほどの補給食を取って、エネルギーを十分に補給する。

　コンビニで、環島中の大学生グループと一緒に休んだ後、また走り出す。暫く進むと「台東」と言う標識が出て来たのを見て、「ヤッター！」ついに東側の９号線へ出て来たと言う気持ちになり、一気にモチベーションが上がって来た。

　ここからは、凄く美しい海岸線の景色が続く。環島でも最も景色が良い道がずっと続く。暫く走ると、ついに「台東４９ｋｍ」の標識が出て来た。

　コンビニで大休止してエネルギー補給したおかげで、徐々に脚が戻って来た。

　あと、５０ｋｍだ！、頑張ろう！！

　快晴の青空と真っ青な大海原の中に続く真っ直ぐな海岸道路を走って行くと、遠くに台東の街が見えてきた。思わ

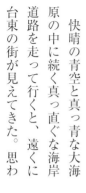

ず叫びながら、更にペダルを必死に漕ぐ。そして、夕暮れと共に、台東の街に滑り込んだ。

今日の午前中は、天気も悪く、山道ばかりで距離も伸びず、とても辛く厳しい道だった。ミサイルやフェラーリなど、思いもよらないこともあったが、何とか台東に辿り着くことができた。

今日の走行距離は１５６ｋｍ。距離の割には、かなり辛かった。

・第５日目（台東出発）

５日目は、環島の中で一番美しい地域、快適で長大なロングライドができる台湾東側だ。台湾東側の台東から花蓮までの全長１７０ｋｍは、東側に聳え立つ海岸山脈の両側に、海岸沿いの花東海岸公路１１号線と中央山脈との間の花東縦谷公路９号線の２つのルートがある。どちらも、とても素晴らしいコースだ。

今回はどちらを走ろうかと、以前から考えて来たが、結論が出せてない。できることならば、縦谷にある広大で緑豊かな池上で、金城武樹や田園地帯を快走したい。池上弁当を食べたい。工事中だった池上駅は、どうなっているのだろうか。そして、その次は海岸沿いへ移り、青空と青い海原の中を延々と続く海岸道路を快走したい。でも、その間にある標高1000mの海岸山脈を越えなければいけない。両方を走行するには、この峠越えを含めた200km以上を一日で走らないといけない、自分の脚力では結構厳しい。どうしよう?、決めきれない。

どうするかは明日の朝、目が覚めて決めることにしようと、ベッドにもぐりこむ。

夜中2時頃、激しい雨音で目が覚める。ホテルはしっかりとした建物だが、周辺のトタン屋根やエアコンの室外機を叩く激しい雨音がする。窓を開けてみると、土砂降りの大雨だ。これは困った。

明日の花蓮まではどうしようかと思案した結果、「どんな大雨でも、とにかく花蓮を目指して、雨具を着てでも必死に海岸線を走ろう。40km位を目安に休憩しながら、花蓮を目指してひたすら走ろう!。そのためには、池上を諦めて、単純な走行となるが延々と続く海岸公路を一目散に走ろう!」と覚悟を決めて、再びベッドに入り込む。

午前4時に起きると、雨はもう上がっていた。

部屋でいつもの朝食を済ませ、快走するための武装をして、まだ暗い夜明け前のホテルを出る。左足のペダルを踏み込むと、クリートがまた小気味よい音を立てて、「よし、行くぞ!」と気合を入れながら、大雨で濡れた暗い路面を軽快に滑り出した。

台東から11号線を暫く走ると、台東森林公園を過ぎた辺りから、空が明るくなり始めた。東側の大海原は、厚い雨雲と夜明けの太陽で、薄暗く輝いている。

昨晩のテレビの天気予報は大雨だ。もし、そうなっても良いと覚悟を決めている。幸い、今は雨は降っていない。そして、東の空は徐々に明るくなって来ている。

実際、今日の天気はどうなるのだろう、また大雨か、それとも晴天なのか。

台湾の天気予報はなかなか当たらない、日本のように気候が安定していれば、予報確率が高いのだが、熱帯・亜熱帯の台湾では変化が激しく、確実な予報とならないのが現実だ。現地の人達も、予報はあてにならないと言っている。

東河郷に入ると、東からの強烈な朝日が海岸山脈を照らしている。眩しいくらいに、凄く美しい風景だ。

いよいよ海岸山脈沿いに、花蓮まで続く11号線を延々

と走るのだと、胸が高鳴る。

東側からの強い朝日を受けながら、ペダルを必死に回す。

30km/hオーバーで走っている自分をまたもやエアロヘルメットを被ったトライアスロンバイクが一気に抜いて行く。40km/h以上で走っている、速い。

いったいあんな速度で、どこまで走るのだろうか？

8時半頃、東河郷にある東河包子に到着した。

ここは、美味しい肉まんを販売しているお店で、観光バスの乗客が袋一杯にいろんな肉まんを買って行くお店だ。お店は、朝6時に開店と言うから驚きだ。今はまだ早い時間なので、お客は少ない。

お店の前で果物を売る露店にも、バナナやパパイヤ、スイカ、マンゴーなどが沢山売られている。

自分は、お気に入りの肉まんを買う。最初に来た時は言葉がまだ十分ではなかったので、肉まん一つ買うにも、もじもじした記憶があるが、今は簡単に買うことができるようになった。美味しい！、しっかりと栄養補給して、また北へ走り出す。

暫く走ると、台湾観光局の東部海岸区国家景観管理センターが出て来た。小高い丘に駆け上がり、東側の大海原を見渡す、素晴らしい景観だ。この辺は台湾の先住民族・阿美族の部落が多い地域だ。

自転車は丘を一気に下り、海岸線をまた暫く走ると三仙台に到着した。ここは、八重の太鼓橋が小島へ続く大変幻想的な場所だ。

以前来た時は太鼓橋を見て、それだけで満足して帰ったが、その後、台湾のビデオを見ていて、橋の向こうの小島には灯台があり、灯台まで登れることを知った。

今回は絶対に、その灯台まで登ろうと決めてここまで走って来た。来てみると、太鼓橋が白く塗り替えられ、大変美しくなっている。

8つの太鼓橋を8回上り下りし、その先の遊歩道を進む。小島への道は途中で、岩場となり、道がなくなった。足跡を探って、歩ける場所を探しながら進んで行く。

周りの岩場には救命用の浮き輪が設置されている。今は潮が引いているので、何とか進めるが、満ち潮の時は、波にさらわれる危険があるのだろう。

前方の小島の斜面に階段が現れて、数人が登っている。

その後を追って行くと、途中で一番後ろの人に追いついた。お互いに、息を切らしながら、「きついなあ〜」と何度も立ち止まりながら登って行く。

ついに、山頂直下にある灯台に到着した。

先着の人達と、「おめでとう！」、「お疲れ様」などと言い合いながら、達成感に浸る。

話しているうちに、「日本から来たんだよ」と言うと、先着の女性が日本語で「日本人ですか？」と話かけて来た。「そうだよ」と言うと、「私、日本人です」と言う。そう言ってもらえなければ、お互いに分からない。

意気投合し、「今日、ここで一緒になったのも何かの縁、みんなで一緒に写真を撮りましょう」と言うことになり、記念写真を撮る。

台東から来ていた彼らの話では、これまで太鼓橋は改修工事で立ち入り禁止だったが、昨日から解禁された。今日は、ラッキーだとみんなで話が弾む。

小島の頂上に登って振り向くと、海岸山脈や太鼓橋が遠くに見える。反対側はバシー海峡の真っ青な大海原が270度に開けている。凄い景色だ！、ここでしか味わえない凄い景観に、登って来て良かった。

再び走り始めて、昼を過ぎた頃、成功にある北回帰線標誌に到着した。

ここも、東海岸ルートの大きな休憩地になっていて、殆どのバスや車が立ち寄り休息して行く。大勢の観光客は、思い思いに記念写真に励んでいる。

近くで、一人の若い女性がタブレットを小さな三脚に立て、何とかして記念写真に納まろうとしていたので、「私が撮ってあげましょうか」と声かけして撮ってあげる。お礼にと、自分も自転車と一緒に写真を撮ってもらった。作戦、成功だ。台湾人だと言う彼女と環島の話をしていると、横から「日本人ですか？」と別の女性が現れた。何やら、早稲田大学に留学していた中国本土の女性だと言う。またまた、みんなで記念写真を撮ることになる。

出店があり、大勢のおばちゃん達がバスでのおやつに、パイナップルなどの切身を争うように買っている。自分も、その隙間から、値札が付いてないマンゴーのパックを一つ手に取って「いくらですか？」と聞くと、「５０元（約１７０円位）」と言うので即買う。これが甘くて美味しい、とても良い補給食だと思いながら食べる。

　成功からは、紺碧の海沿いに延々と伸びる１１号線をまたひたすら走り続ける。景色も道路も単調なのだが、景色が格段に美しいので、走っていてこれ程楽しい道はない。環島、台湾の中でも一番の景観地だといつも思いながら走っていると、自然とモチベーションが上がり、疲れなどは全く感じなくなるから不思議だ。

　成功から更に北上する。海岸沿いのアップダウンを繰り返しながら、石門、豊濱、磯崎、牛山と次々に街をクリアして、ついに花蓮県に入る。

　長い長い下り坂が現れ、ペダルを踏まずに

45km/hで下って行く。下ハンに持ち替え、風の抵抗を減らすと、49km/h位になった。上ハンと下ハンでは、風の抵抗が1割位あるんだと思いながら、試しにトライアスロンのようにハンドルに顎が着く位に前傾姿勢をとり、風の抵抗を最小限にしてみると、53km/hになった。

こんなに違うのか!、改めて風の大きさを痛感する。

坂を下り終えると平坦な道が暫く続く。いつも通りにペダルを漕いでいるのだが、何やら不思議と足が回っている。いつもだと平地で30~33km/h位なのだが、36~37km/hで走り続けている。いつもより、1割くらい速い。

5日間の疲れもあるはずだが、どうしたのだろうか、自分でも良く分からない。5日目で筋肉がついたのか、モチベーションのせいなのか、理由はわからないが、自分でも凄いと感じる。

花蓮までは200kmと覚悟をしていたが、何とか夕暮れの花蓮の街に辿り着いた。ホテルを探し回っていると、渋滞した道路沿いに小奇麗なビジネスホテルが出て来て、

その前で客引きをしているお姉さんが立っていた。「今日、部屋はある?」と聞くと、「あるよ」、「いくら?」、「800元（約2800円）」と言うので、そこに決める。

部屋は広く、綺麗だったが、洗面台の水が流れない、浴室は大丈夫だったので、浴室で洗濯など、毎日の行事を済ませて街に繰り出す。

今日は、大雨覚悟で走り始めたが、幸いにも天気が良くなり、とても快適なロングライドができた。今回の環島の中で、一番の走行だ。気持ちが良い一日だった。

今日の走行距離は174km、200kmまではいかなかった。

・第6日目（花蓮出発）

6日目は、花蓮から台北へ向かう環島最後の一日になりそうだ。7日間で計画した環島は6日間で何とか完走できそうである。

しかし、花蓮の北側には大理石の断崖絶壁で有名な太魯閣渓谷、そしてその山が東海岸へと一気に落ち込む清水断崖、そこからの道路は最も危険な一帯だ。

以前、太魯閣渓谷を走った帰りに、いつかは走る環島で、この清水断崖から北への蘇花公路の道が走れるかどうかを確かめるために、少し試走したことがある。

と言うのは、清水断崖から先は、標高1000m以上の山が海へと急激に落ち込んでいて、その断崖が30km程続く。その岩肌を切り出して曲がりくねった道路が続き、トンネルが幾つも繋がる非常に危険な道だ。
その道を大型トラックやバス、一般の車が頻繁に往来している。上からの落石が多いことから、落石事故も多い。トンネルの中は、道幅が狭い対面車線で、路側帯は殆どない。

ここを走ってみると、暗い中を常に周囲の車両に注意が必要だ、後ろからはクラクションを鳴らされ、路側帯のすぐ横は、岩盤やコンクリート壁なので、路肩に避けるスペースがない。極めて危険な道路だ。

ネットには、ここを自転車で走り切った動画が沢山アップされているが、一方では、落石事故やコーナーでの正面衝突などの事故シーンも沢山アップされている。

ここは、「危な過ぎて、走るのは辞めるべき」と言うのが結論だ。

台湾の環島ガイドブックでも、ここは自走せず、台湾鉄道で輪行することになっていて、自分も今回の計画時から、自走は諦めて鐵道を利用することに決め。そのために輪行袋を持ってきた。

いつものように夜明け前に出発し、花蓮駅までライトを点灯して走る。駅前の邪魔にな

らない所で、自転車を逆さまにして車輪を外し、輪行袋に詰め込む。

列車を待つ朝のホームは、通勤の人達が沢山いて、日本の風景と同じだ。

列車は、台湾鐵道の特急列車・自強号（普悠瑪：プユマ号）、40分も遅れて来たが、快適な2列座席はほぼ満員で、東側に朝日が照らす海とトンネルが続いて行く。

遅れた列車は、午前8時に宜蘭駅に到着した。輪行袋を肩にかけて自動改札を出ようとすると、女性係員が「こっちこっち」と呼び止めるので、手動の改札口へ行く。

記念だからと到着証明スタンプを押して、切符を渡してくれた。その記念切符を受け取り、環島チャリダーへの心配りは流石だと嬉しく思いながら駅を出る。

東に紺碧の太平洋を見ながら、台湾鐵道と並行した環島1号線をどんどん北へ走る。

今日は朝から天気も良く、海の上に絶壁の亀山島が見え、この亀山島を右手に見ながら、快適な走行が続く。

レーダー施設がある台湾最東端の岬・三貂角を回り込み、福隆から海岸線の国道2号線を外れ、台北へ向かう峠道へ入る。この道は、標準の環島とは違うルートで、今では非常に有名となった九份や猫村、十分近くを通過し、基隆へと向かう。

長く続く山中の坂を登り、標高400m程までを登り切ると、峠に「旅途愉快（楽しい旅）」と言う標識が出て来た。思わず立ち止まり、苦笑

する。

ここまでの結構な登りはとても楽しいと感じる道ではなかったのに。

この峠から先は、いよいよ台北県だ。

基隆を経由して、一気に台北を目指して下って行く。途中から、台北から基隆まで続く基隆河の河川敷に自転車道が現れた。台北までもう少しだ。

暫く走ると、遠くに台北１０１が見えて来た。市街地をどんどん走ると、段々と１０１

が大きくなってくる。スタートとゴール地点とした台北駅までは、あと少しだ。

そして夕方４時半、夕日を受ける台北駅前に到着した。ついに、還暦チャリダーの環島挑戦が終わった。７日間で計画した環島は、結局６日間で完走することができた。

６日間の総走行距離は、ちょうど１０００ｋｍ、実走行時間は約４５時間、消費カロリー３万ｋｃａｌだ。

６０歳でも、１０００ｋｍを６日間で完走できたことに、我ながら感無量だ。

顔は、毎日の夜明けから夕暮れまでの走行で、真っ黒に日焼けしてしまった。

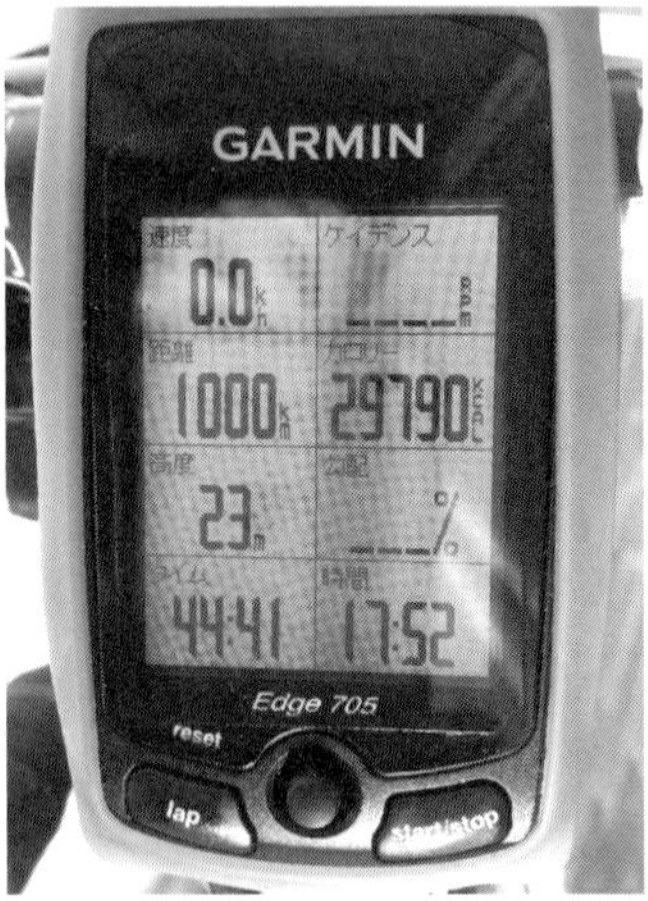

月	日		到着地	走行距離（km）	実走行時間（h m）	消費カロリー（kcal）
1日目	9/17	日	台中	194	8h 09m	5856
2日目	9/18	月	台南	168	6h 56m	4788
3日目	9/19	火	墾丁	172	7h 28m	4869
4日目	9/20	水	台東	156	8h 02m	4714
5日目	9/21	木	花蓮	173	7h 28m	5304
6日目	9/22	金	台北	142	6h 58m	4711
合計				1005	45h 01m	30242

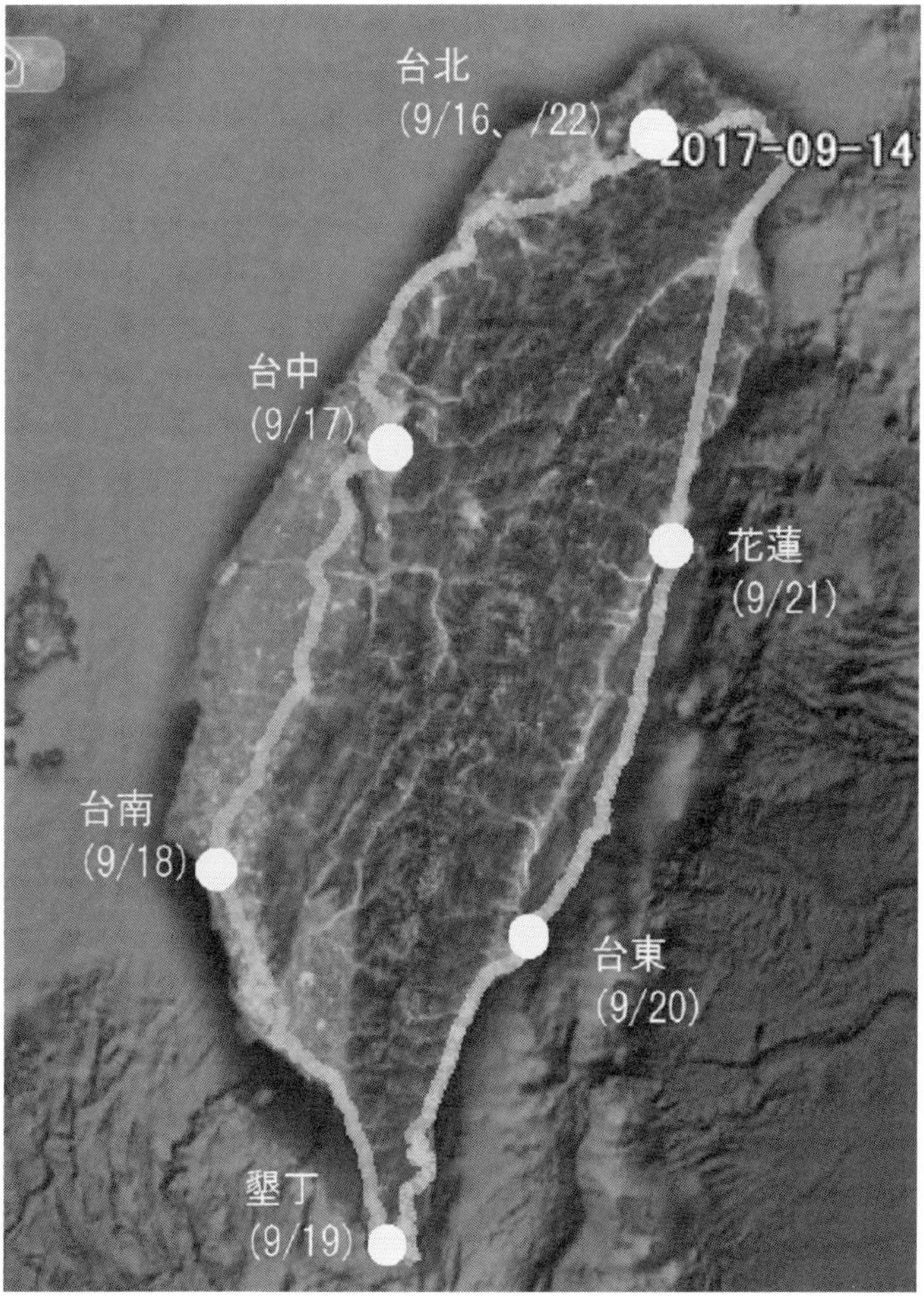
台北
(9/16、/22)
2017-09-14
台中
(9/17)
花蓮
(9/21)
台南
(9/18)
台東
(9/20)
墾丁
(9/19)

第2章
素晴らしい台湾の自転車環境

2. 素晴らしい台湾の自転車環境

日本国内も沢山走ってきたが、日本の道路は殆どが自動車優先になっている。

いつも車に気を使い、自転車は二の次、三の次と言うのが現実だ。そのために、自転車が関係する車道での事故、歩道での事故、学生による高齢者との衝突事故、ニュースを聞く度に行政施策や環境整備の立ち遅れが原因だと、胸が痛くなる。

道路交通法の見直しや市街地での自転車レーンも徐々に整備されて来ているが、法律に見合わない道路事情はまだまだと言うしかない。

一方、東南アジア各国のイメージは、スクーターが多くて、とても混雑するスクーターと一緒に自転車は走れないと言うのが、大方のイメージではないかと思う。

確かに、台湾でも、主要都市である台北や高雄などの通勤時間帯はそのような状況だ。しかし、通勤時間帯を外れ、郊外に出ると、その状況は一変する。

市街地を外れ、郊外に出れば、自転車天国となるのが台湾なのだ。

自分は、この環境に心身共にハマってしまい、毎年、台湾へ通い続けることになってしまった。このような環境整備が進んだ要因は、ＧＩＡＮＴなどの働き掛けによる行政府の取り組みや社会貢献活動が非常に大きいと感じる。

日本にも自転車メーカーは多々あるが、台湾のような社会活動やインフラ整備を現実的に行っているだろうか?、自分が知り得る範囲では無に近い。

最近、日本各地でも取り組みが少しずつ行われるようになって来たのは、嬉しい限りだが、もっともっと進めて欲しい。


台湾の道路では、日本と大きく違う点が２つある。

日本とは逆の右側通行だ。最初は少々戸惑うが、直ぐに慣れる。

自分は、台湾に出かける前日に、いつもハンドルのバックミラーと後方のフラッシュライトを右から左に付け替えて出発する。日本を走っている時も、時々うっかり、右を走りそうになってしまうのが問題だ。

もう一つは、自転車用の車線が自動車とは別にあることだ。

市街地を抜け、郊外に出た時の道路は、自動車車線とは別に「スクーターと自転車車線が独立して、設置されている」のが一般的。これが普通の道路、これは凄い！

自動車とスクーター、自転車がそれぞれの車線で分けられている、つまり平等に扱われているのだ。日本では、このような道路は殆どない。

環島の距離は９００～１０００ｋｍだが、台湾各地にも地域の自転車道が整備されており、その総延長は３０００ｋｍとも言われる。

地方都市では、必ずと言って良いくらいに、10~20km程度の自転車道が整備されている街が多い。

○台北・新北周辺の自転車道

台北市や新北市周辺の自転車道路には、いつも感心させられる。

日本でも徐々に自転車道や自転車レーンが整備されているが、台湾、特に台北市と新北市近郊には、日本では想像できない規模の整備が進んでいる。淡水河や基隆河の河川敷を中心に12本の自転車道、総延長300km程の自転車道が整備され、オジサン・オバサン、ママチャリからクロスバイク、ロードバイクまで、本当に幅広い多くの人達が利用している。

通い始めた7年前は殆どがクロスバイク、マウンテンバイクだったが、最近はロードバイクが増え、特に高級カーボンが多く目に付くようになって来た。

これも、行政やGIANTなどの自転車メーカーや行政

府によるインフラ整備が進んだこと、また社会的な健康志向、自転車ブームによるものだと痛感する。

台北には、淡水河と言う大変大きな川が流れている。

昔、淡水河が氾濫し、大変大きな被害が出たことから、台北から淡水にかけて高さが数mある土手やコンクリートの城壁のような堤防が連なり、市街地を洪水から守っている。

その土手の上や広大な河川敷には、スクーター専用道や自転車道が延々と整備され、緑

の公園や野球場、テニスコート、貸自転車ステーションなども散在している。

　淡水河周辺には、淡水まで繋がる淡水金色水岸自行車道や八里へと繋がる淡水河自行車道、西側にある桃園方面へ行く大漢渓自行車道、そして、東側への新店渓自行車道など、壮大な河川敷の自転車道が広がる。淡水河両岸にある船着き場からは渡し船があり、自転車を容易に運べる。

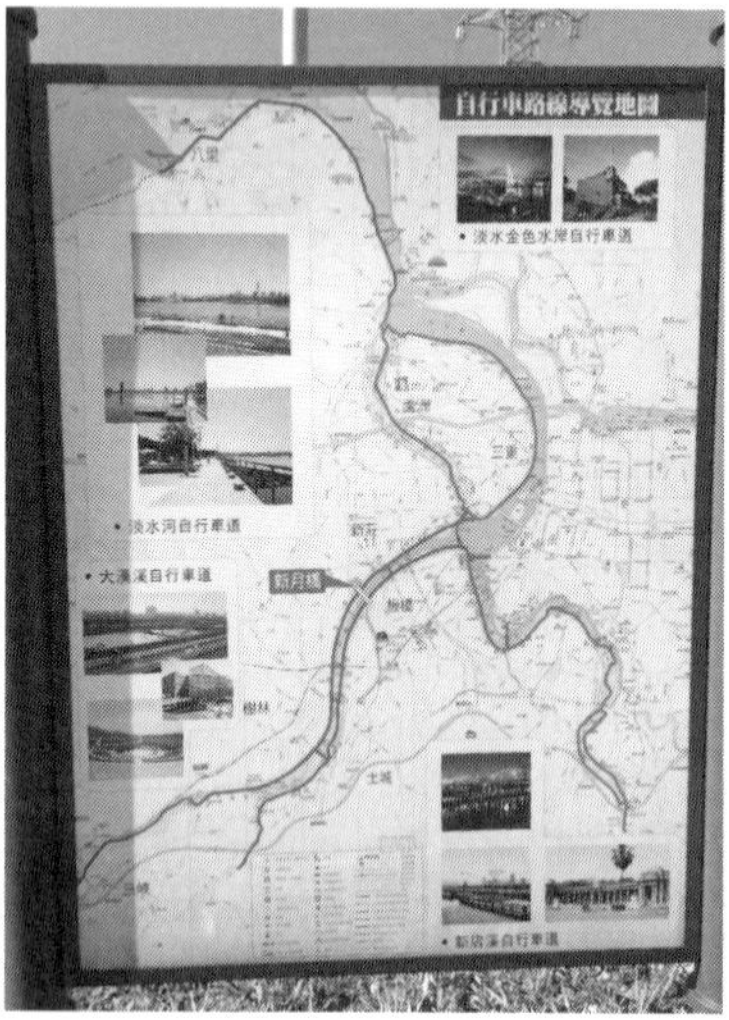

　大きな橋には、自転車がその歩道や自転車レーンへ上がるためのスロープもある。

　淡水河の上流で、台北から桃園へ向かう大漢渓には、新月橋と言う巨大な自転車道の橋が架かっている。この橋は、自転車が両岸へ行き来するためにだけに架けられていて、その上り下りは、緩く広い自転車専用の物凄く大きなスロープになっている。

この橋を下れば、また両岸の広大な自転車道が続いている。

ゴミゴミした日本と比べて台湾は自転車天国、市街地を抜け、一歩郊外に出れば、凄い自転車環境が整備されており、自然豊かなことも含めてチャリダーにとっては、これ以上の環境はないと言っても良い。

レンタサイクルステーションも、主要な場所には数多く整備されており、外国人はパスポート持参で一定のお金をデポジットすれば、簡単に借りることができる。

自分はこんなチャリダー環境にハマってしまい、台湾へ通うこと、もう7年が過ぎてしまった。

○環島1号線

台湾では、自転車で台湾一周する人が年間1万人以上もいる。

２０１５年には、台1線と台9線を基本に省道や県道なども含めた総延長９６８ｋｍの自転車道「環島1号線」が整備された。また、その支線となる１７カ所・２３５ｋｍを含めると総

延長は1，203kmとなる。

これらに伴って、派出所やコンビニでのサポート環境や環島専用の旅行会社など、社会的な取り組みとして、その環境整備が進んでいる。

環島を目指して走っているのは、クロスバイクのチャリダーが多い。健脚のチャリダーばかりではなく、老若男女、一人旅も多く見かける。

また、環島を行うグループツアーも豊富にあり、集団で走っている人達にもよく出会う。彼らには、白く大きなワンボックスカーがサポートしていて、揃いの黄色いベストを着たりして一団となって走っている。

いつも一人で走っている自分とは大きな違いを感じて、何とも羨ましい限りだ。

・台湾各地の派出所とコンビニ

環島チャリダーのために、台湾各地の派出所には空気入れや給水器が整備されている。水の補給やトイレのため飛び込めば、どこも気軽に応じてくれるのが凄い！。自分も、何度も利用させてもらって来た。

また、日本と同じように、セブンとファミが沢山あり、補給ステーションとして活用できる。コンビニに並ぶ商品は、中国語表示の商品が大半だが、日本の物も多く、日本人なら困ることはない。台湾ならではの商品もあるが、これも新鮮で面白い。ただ、東部にはその数が少ないので、補給場所は十分な事前確認が必要だ。

自分は、台湾全土に広がる快適な自転車レーンを走りながら、コンビニなどを見つけては立ち寄って元気を補給し、モチベーションアップして次の目標地点に向けて走り出す、そんな繰り返しだ。

自分の場合は、４０ｋｍ位を目安に休憩を入れる。走り始めて４０ｋｍ、８０ｋｍ、１２０ｋｍ、１６０ｋｍと言った具合だ。コンビニで、おにぎりとバナナ、アイスクリーム、そしてスポーツドリンク（台湾では必ずＦＩＮ）とミネラルウオーターを補給する。途中で美味しそうなお店を見つけた場合はこの限りではないが、４０ｋｍ位を目安にエネルギー補給することで、足がつることもなく、何とか毎日を走ることができる。

いずれもトイレはあるが、トイレットペーパーが無かったり、決して衛生的とは言えない時もあるが、そこは

日本とは違う国なのだと思いながら、その環境でやって行くしかない。トイレが整備されていること自体に、感謝したい。

◯台湾各地の自転車道

台湾全土には、政府の自転車観光政策により、各地に自転車道が数多く整備されている。台湾には12カ所の国家風景区（国立公園）があり、そこを代表するようなしっかりとした自転車道が何れも整備されている。また、各街々にもいろいろな自転車道があり、その距離は数kmから20km程度であるが、数が凄く多く、自分は把握し切れてない。

珍しい地形が続く北海岸には、風芝門・金山萬里自転車道。北東角には、龍門塩寮・旧草嶺自転車道では鉄道の線路跡を利用していて、草嶺隧道のトンネルを走ることができる。台湾最大の湖である日月潭の月潭・向山自転車道は、世界で最も美しい自転車道ベスト10にも選ばれた自転車道で、一周30km程のコースがとても美しい。西側の大鵬湾にある環湾自転車道、東側海岸の石門長濱・三仙台・泰源幽谷自転車道などは、何れも大変美しい海沿いを走る自転車道だ。

台湾には数えきれないくらいに沢山ある自転車道だが、自分が一番好きなところは、台東近くの池上、そこにある池上大坡池自転車道だ。

電柱などは全くない。緑一面の田んぼが延々と山まで続き、その緑の中を真っ直ぐに伸びる伯朗大道、ここは天国之路と称される大変美しい場所だ。この景観のインパクトがあまりにも強く、頭の中に残っている台湾自転車道のイメージは、いつもここだと言っても過言ではない。表紙の写真は、この道だ。

環島や台湾全土の自転車道に関する詳しい情報については、台湾交通部観光局から2つの自転車道ガイドブックが発行されていて、日本では台湾観光協会がある東京と大阪、名古屋の事務所で入手することができる。

このガイドブックを見れば、概ね詳細な情報が得られる。

○便利な桃園国際空港

自分の場合、台湾旅の入国・出国の殆どは桃園国際空港だ。以前は、自転車旅を終え

て、台北市内から桃園国際空港まで帰る時は、淡水河に架かる自転車専用の大きな橋・新月橋を渡り、土手の上に真っ直ぐにつくられた大漢渓自転車道をひたすら走り、鶯歌から桃園市へ入り、桃園国際空港に向かって4号線を走っていた。

桃園国際空港が近づくと道幅が広くなり、高速道路のＩＣもあり、交通量が一気に増えて来る。空港と台北との間を結ぶバスや自動車などは、空港南側の高速道路ＩＣの利用が殆どなので、４号線をそのまま走り、交通量が少ない北側から入ることにする。空港が近

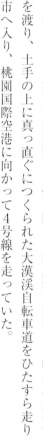

づくと、空港の道路標識の距離表示がカウントダウンのように減って行き、空港ターミナルに到着する。

現在は、桃園国際空港と台北の間にMRTが開通し、30分程で移動できるようになった。これまでのバスに比べて、遥かに利便性が高く、これを利用するのが一番良いだろう。各車内には、輪行袋を置ける大型荷物用スペースが確保されており、チャリダーにとっては、日本の地下鉄などとは比較にならない位に便利だ。

空港から自転車で出発する場合は、ターミナル内の手荷物預かり所に、自転車バッグを預けることができる。大きさによるが、自分の場合は大きなシーコンバッグを丸め、一週間で5000円位だ。帰りは、ここで自転車をバラして収納し、買った土産や汚れ物などを全部、自転車バッグにパッキングし、航空機カウ

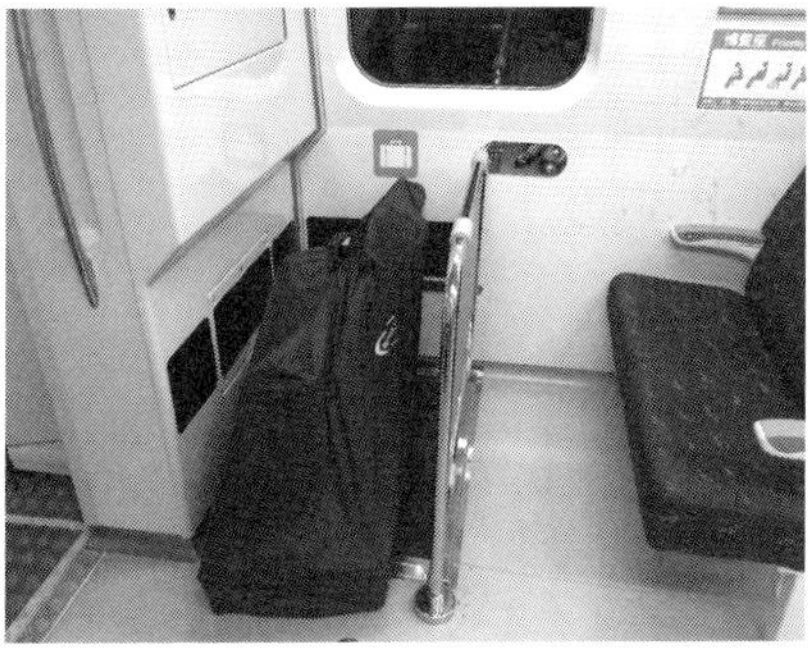

ンターへチェックイン、バッグの総重量はいつも２０ｋｇ超となるが、多くの航空機は、３０ｋｇ位までが可能なので大丈夫だ。

それと、出国後の４Ｆプレミアムラウンジにシャワールームがあるので、汗を流してから飛行機に乗ることができる。有料と無料があり、無料は１部屋しかないので、長時間占領されていることが多いが、非常に便利だ。

第3章

中部

東アジア最高地点・武陵を越えて、台湾横断
世界トップ10の日月潭自転車道

3. 中部

○東アジア最高地点・武嶺を越えて、台湾横断

・台中から清境高原

２０１６年９月、台風１６号が来る中、福岡空港から台北・桃園国際空港へ２時間で降り立った。

今回は、台湾西側から東アジアで最高地点となる武嶺（標高３２７５ｍ）を目指して登り切り、そのまま東側へ台湾を横断する。

日本の最高地点は乗鞍の畳平２７００ｍで、そこより約６００ｍも高い。

自転車が盛んな台湾では、ＫＯＭ（Ｋｉｎｇ ｏｆ Ｍｏｕｎｔａｉｎ）と言うヒルクライムレースが、東側の花蓮から毎年開催され、台湾では誰もが一目置く場所だ。自分は早くはないので、マイペースで登り切ることが唯一の目標だ。

武嶺を目指して桃園国際空港から走る予定だったが、台風16号のため台中までバスで移動し、台中出発に急遽変更した。

福岡から空輸してもらった厳重なSiconバッグは、空港第1ターミナル内の手荷物預かり所に預け、軽量な輪行袋に包み直してバスに乗り込む。桃園空港から台中までは、高速バスで約2時間を230元（750円）で行ける。

夕方、台中駅に到着し自転車を組立て、ホテルまで走るが台風の風はそれほど強くない。ホテルの人によると「台中は大丈夫なんだよ」と言われ、ひょっとして走れたかも知れないと思い直し、残念な気持ちになる。

翌朝は大雨。風はそれ程でもないので出発することにする。途中の道端で、オジサンが話しかけてきたが、良く分からない？？？。

「オレ、日本人で、あまり喋れないんだ」と言うと、「どこまで行くのか？」、「今日は、武嶺を目指して行く」、「1人で行くのか？」、「そう、1人で行く」、「そりゃ、凄い！。頑張れ！」と言う会話をして、何か英雄扱いしてくれ「一緒に写真を撮ろう」と言われた。

台中市内から中正路を走り、霧峰区を過ぎる辺りから徐々に登りが始まる。南投県に入り、立派な自転車レーンがある長い烏渓橋を過ぎ、14号線（博愛路）へ左折、ここからいよいよ本格的な登りが始まる。ここからが勝負！、頑張ろう！と気合を入れ直し、また走り始める。1%から2%へ、時折6~8%の登りが出てくる。

左折して30km先の埔里は、有名な紹興酒工場などがあるが、少し立ち止まって眺めるだけで先を急ぐ。駐車場は沢山の観光バスで一杯だ、観光客が凄い。

途中の公園に、台湾地理中心と言う碑があり、文字通り、台湾の中心位置らしい。

次の霧社までは、いよいよ道幅も狭い6~8%の危ない急な登りが始まった。自動車やトラックがエンジンの唸り声やクラクションを鳴らして、横を追い抜いて行く。

標高1100mの霧社に何とか着いた。

コンビニに寄って補給した後、直ぐに「抗日起義紀念碑」に到着。

ここは戦前、入植した日本人と先住民族セデック族との抗争で、日本人30名が亡くなったところで、その記念碑がある。

群像は先住民族の大人や子供、犬までが、入植して来た日本人と必死に戦う姿が伺え、心が大変傷む。事件の鎮圧などで死者は約１０００人、大変大きな抗争事件があったところだ。

再び狭い山道をひたすら黙々と登り続ける。今日、泊まる民宿がある清境高原は、標高１５００～１８００ｍの高原リゾートだが場所の詳細はGooglMapでも分からず、なかなか着かない。

途中のＧＳに場所を尋ねに行くと、たまたまそこに泊まる民宿の車が給油に来て、ＧＳの人に「この人達に聞けよ」と言われ、「５００ｍ先に看板があって、そこを下るんだ。付いて来いよ」と言われ、急な上り坂を必死にダンシングで車に付いて行く。

到着してGarminの標高を見ると既に２０００ｍ超え、２０４０ｍだ。標高が高く、ちょうどガスの切れ間だ。日本から帰ってきた燕なのか、沢山、空を飛んでいる。

宿で食事をする所があるか聞くと、３カ所ほどあると言うので行ってみる。

立派なレストランに入った。

入るなり「自転車の人だよね」とおばさんに言われ、カウンターにいた女性陣にも歓待される。麓から登ってくる自転車は多くないのか、自分が目立っていたのか分からないが、歓待されたのは幸いだ。

今日は台中から１日で、とにかく距離１００ｋｍ・標高２０００ｍまで来た。

武嶺までは、あと残るは２０ｋｍ・標高差１３００ｍだ、何とか、行けそうな感じがし

てきた。

・東アジア最高地点・武嶺

次の日、いよいよ武嶺を目指してチャレンジだと言う思いで、早朝に目が覚めた。辺りを散策すると高原の清涼感と遥か遠くの山稜を見渡す景色、コジュケイなどの鳥のさえずりが素晴らしい、良い所だ！

昨日、標高2000mまで何とか登って来た、あとは1300m登れば良い、傾斜はかなりあるがマイペースで行けば大丈夫な感じだ。

宿の予約は「朝食あり」だったが昨晩から宿の人の気配がない、他の部屋には誰も居ない。鍵もかかっていない。この山岳地帯では、そんな必要はないのか、宿の主人達の居場所はどこなのだろうか。

日本では考えられない、不安な気持ちを抱えながら、昨日「朝食は何時？、食堂は何処なのか？」と確認しておくべきだったと反省したが、今は誰もいないので聞く人もいない。7時半まで待ったが誰も来ないので、諦めて今日のチャレンジ補給食に買っておいたおにぎりを朝食に食べて出発することにした（考えられないことだが、ネットで騙されたのかと・・）。

8時過ぎに宿を出発する。上にある道路までは20％を超えるガタガタ道で、自転車を押して何とか道路に出るが、そこはいきなり最初から１０％超えの登り坂だ、厳しい！

これから上は商店も何もない、全くの自然の世界だ、全てを自力で行うしかない。慎重に、そしてしっかりとペダルを踏んで、頂上を目指して行くしかない。

走り始めて、少し先にクロスバイクが見える、次第に近づいて追い越す、彼も喘ぎながら上っている、厳しそうだ。

標高２３００ｍの翠峰を過ぎると、途中の休憩所で休んでいた自転車がいた。その自転車を追い越すと、直ぐに自分を追って来て、後ろにピタリと付いたままずっと一緒に登り続ける。

２人、何もしゃべらず黙々とひたすらそのまま登り続けるが、途中で横に並ぶ。CERVELO（サーベロ）のデュラだ。しかも殆ど何も付けてない軽量だ。自分は、一週間分の荷物や宜蘭への２ボトルもあり、４～５ｋｇは重い、速度では叶わない、そしてついに追い越された。しかも何と女性だった。はぁ～、参った！

標高２６００ｍ位から霧雨となり、雨具を着込んで登る。２８００ｍ位から森林限界が始まり、ガスが切れたり曇ったり、山岳地帯特有の状況になって来た。

３０００ｍ位からはガスが切れる度に、上の稜線や遥か遠くの山稜が見える。森林がない壮大な景観を感じながら１０％超えの道をゆっくりと必死に登って行く。

　森林限界を超えた辺りからの雰囲気は、御岳や乗鞍の上の方と同じような感じだ、素晴らしい。

　こんな素晴らしい道を、自分がもがきながら少しずつ上を目指して死に物狂いで登っている。

　余りにも長く急な登りなので、ガンガン登ると言うよりは、辛抱して辛抱してひたすらペダルを踏んで登ると言う感じだ

　自分が身上としている長い道の登り方は、

①サドルは前に座り、ペダルへの角度をとる。

②腕は肘を内側に曲げて脱力し、ペダルに少しでも体重をかける。
③呼吸は「ハアッハアッ、スウスウ」の腹式呼吸を繰り返し、これにペダルのリズムを合わせる。
④このリズムに集中することで、辛さを少し忘れ、何とか登り切っている。

こんな思いで、ひたすらペダルを回し続ける。

３０７０ｍの昆陽（合歓山登山口）に着いた。

標高差はあと２００ｍ、何とか行けると言う思いが込み上げて来た。ここまで時間はかかっているが足は付いてない、足を付かずにここまで来ている。

これまで何度もネットで見て来た最後の１０％の登り坂を延々と登って行く、自動車

もトラックも、エンジンの唸り声をあげて登って行く。

ついに１１時前、約３時間で、東アジア最高地点の武嶺・標高３２７５ｍに到着した。

頂上には、大きな駐車場と一段高い場所に武嶺を示す石碑が設置されていた。

折角なので、その一段高くなった石碑の場所まで、自転車を肩に担ぎ、階段を一歩一歩登って行く。

遠くに、山岳と言う感じの緑の山肌と岩、そして白い雲などが見えて、素晴らしい景観だ。空気が薄いと言う感じはしない。達成感で一杯だ！

頂上には、若いチャリダーがもう一人いたが、仰向けに寝込んでいて、声をかけても返事もない。彼も、ここまで必死で登って来たのだろう。

武嶺からの西側には、雲の切れ間に自分が登って来た１０％超の長い登り道が、緑の草原に大変美しく見える、素晴らしい眺めだ。

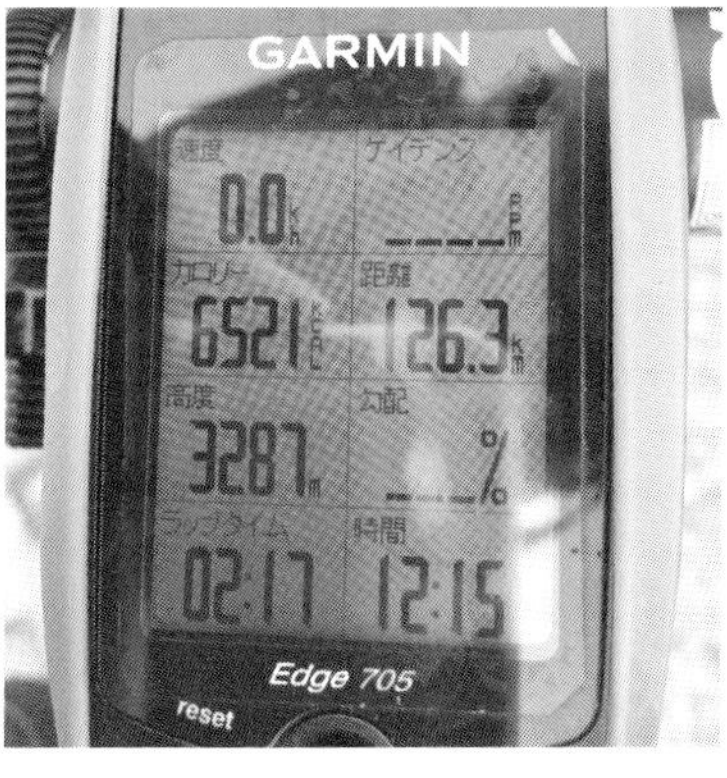

・武嶺から梨山

暫くの間、素晴らしい景色と達成感を満喫した。台中からここまで何とか足を付かずに、登れたことに感無量だ。

ここからは、殆どのチャリダーは登って来た西側へまた下って帰る。しかし、自分は台湾を横断するため、このまま台湾の東側へ走り、北東海岸国立公園を走って台北まで戻る計画なので、殆ど何もなく延々と続く東側への道を再び下り始めた。

武嶺からは、東側には急峻な山岳道が続くのが見える。

下り始めは、いきなりジェットコースターのような２０％を超える激坂の連続だ。左右のコーナリング、こんなところで転倒したらとんでもないことになる。５０ｋｍ／ｈを超えないようにブレーキングしながら、素晴らしい景観の山岳道を安全第一で下って行く。

途中、３１５８ｍＣａｆｅと言う案内所に寄る。途中には、台湾で2番目に高い雪山へのビジターセンター以外は何もなかった。本当に大自然の世界。

雲を抜け、山岳道をひたすら下り、そして、森林限界を抜けて森林の中へ下って行く。途中の道端にサルが座り込んでいて、こちらを見ている、ニホンザルよりかなり毛深く色も濃い。何となくお互いに目が合い「こんにちは」と意思疎通ができたような気がし微笑ましい想いが胸に過ぎるが、自転車はそのままどんどん下り続ける。

民家など全くない道がひたすら続く、あると言えば、沢の水が流れ落ち、時折、道にも溢れて流れている。何か供給できるとすれば、この沢の水が唯一だ。

標高２５８７ｍの大禹嶺の分かれ道に着いた。先住民族の民家があり、数人の男達が山仕事をしていた。交差点には、猟でとった鹿を担いだ先住民族の石像が立っている。

この交差点を殆どの車は右折し、太魯閣や花蓮へ降りて行く。しかし、自分が目指している宜蘭へは、逆に左折して、真っ暗なトンネルを抜けて行く。距離が遠いために殆ど通

行がない。ここからはかなりの厳しく細い山の中の下り坂で、途中に標高2000mの峠をいくつも超えて行かなければならない。

飲み水は2ボトルなのでまだ残っているが、補給食のおにぎりを朝食に食べてしまい、他の補給食も途中で食べてしまい、もう残っていない。体がそろそろハンガーノックに近くなってきている、困った。

あのおにぎり1個があれば、まだこんな状態にはなっていないハズだ。あの民宿に騙されたと恨んでも仕方がない、何とか次の村までは頑張ろう。

細い崖の道を延々と下って行くと、遠くに梨山の村が見えて来た、村へはまたまた登り道だ。梨山は名前のとおり、標高２０００ｍにある梨の大産地で、道の両側に白い袋を被った梨の林がずっと続く。

次第に民家が出て来て、大きく立派な梨を売る露店も出て来た。村の中心街に入り、何か補給できる物はないかと探していると食堂があった。

やった～、直ぐに何か食べようと自転車を止め、ヘルメットやグローブを脱いでいると、肌が出ている両足にハエが沢山集っている。

慌てて追い払い、直ぐに食堂へ入って、看板メニューらしき物を注文する。ハエが沢山飛んでいる。テーブルにも何匹もとまって来た。追い払うが、直ぐにまた同じ状況の繰り返しだ。そして、料理が来た。牛肉とイカ（こんな山の中で、不思議なことにイカが出て来た）と麵の鉄板焼きだ。

食べようとすると、これまでの何倍もの数のハエが寄って来た。追い払うと逃げるが、また1秒も経たないうちにまた集まって来る、参った。

ハエの中には、美味しいそうな料理に降り立ち、料理の熱に参ってソースの中へと沈んでゆく奴もいる。ハエと闘いながら料理を食べていると、足がカユイ。見ると両足には何カ所も刺された跡ができているではないか。多分、店の外で両足に集まって来たのは、ハエではなく、肌を刺すブユだったのだろう。これはヤバイ！

昔、東側の花蓮を訪れた際、一緒になったおじいさんが同じように小さな虫に沢山刺され、次の日には大きな水泡が沢山できたことがあった。宿に着いたら、直ぐにシャワーを浴びて、抗生物質入りの軟膏を塗ろう。

何とか食事ができ、とりあえず補給ができたので、また走り始める。

・梨山から宜蘭

梨山にある唯一のＧＳの交差点を右折して回り込み、ペダルは踏まずにどんどん急坂を下って行く。途中でトラックに追いつき、そのまま後を付いて行くが、登りになると、こちらの方が遅い、１８％の激坂もありダンシングで必死に登ってついて行く。

今日の宿は、標高１８００ｍにある武陵農場と言う高原リゾート地にある高級ホテルだ。この辺りにはここしかないため、事前に予約して泊まることにしたが、いつもの値段の３～４倍もするが仕方ない。

夕方、武陵農場に着いた。アメリカの国立公園を小さくしたような立派な公園で、沢が流れ鳥のさえずりなど、自然を満喫できる素晴らしい環境が整っている。台北や大陸からのお客が多いのも分かる。久しぶりに、高級ホテルでの美味しい料理と時間を満喫することにしよう。

次の朝、走り始めると、リアディレーラー（後ろの変速機）がおかしい、何度かレバー操作をするうちに、「カチッ」と音がする、ワイヤーを触ると切れている。これは、大変なことになった！

ワイヤーが切れると変速ができない。しかも、一番重いギアのままだ。今日はこれから2000mの峠がある、アップダウンもいくつもある、どうしよう、困った。

とりあえずダンシングで暫く走ってみたが、この状態で100km先の宜蘭まで、標高2000mの山道をいくつも超えて行くのは、どう考えても無理だ。

梨山と宜蘭の間には、路線バスがあることを思い出した、情報があるとしたら、泊まったホテルしかない、ホテルまで戻ろう。

ホテルへ戻り、バスの時間などを聞くと、午前のバスはもう出たばかりで、次は午後2時過ぎだと言う、まだ5時間もあるがこれしか方法はない。自転車は乗せてくれるのか、宜蘭までの料金や時間はどれ位かかるのかなど、いろいろ聞いていると、路線バスと同じ時間に台北行きのホテル専用バスがあると言う。

これで途中の宜蘭で降ろしてもらえば良い。料金はホテル専用バスが700元、路線バスは300元。かかる時間は、ホテル専用バスだと、宜蘭まで2時間半から3時間、日によって道路状況や天候などが違うのではっきり分からないと言う。

路線バスだと沢山のバス停に停まりながら行くので、もっとかかるハズだ、しかも自転車は乗せてくれるのか、細かいことには対応してくれないかも知れない。

結局、午後2時のホテル専用バスに乗せてもらうこと決め、自転車を輪行袋に詰め込む。時間があるので、歩いて公園の奥まで散策することにする。

　天気は快晴、小鳥がさえずり、緑の草原と森を爽やかな風が吹き抜けて行く。歩いて行くと茶屋があり、名産の高原茶をいただく、日本と少し違う鳴き声のセミがあちらこちらで鳴き、蝶が花の蜜を吸っている。渓流にはニジマスの養殖場や観賞場がある、川面を見ると沢山の大きなニジマスが泳いでいる。

　平日の昼間で、もう観光客は出かけてしまい誰も残っていない。自然を独り占めして１時前にホテルへ帰った。そして、１時過ぎには専用バスがホテル玄関に来た。

運転手は、自分の自転車を乗せるため、下のトランクルームを開けて待ってくれていたが、輪行袋を見て、一番後ろの席に乗せれば良いと気を効かせてくれた。ありがたい。言葉に甘えて、輪行袋を最後部の席に乗せ、山道で揺れても良いように肩ひもを背もたれに固定する、これで安心だ。

乗客は９人、運転手とガイドを合わせた１１人を乗せたバスは、予定時間の３０分前に出発した。ガイドは乗客全員の状況を把握し、既に皆乗っているから出発しようと言うことらしい。

バスは、唸り声を上げてアップダウンを繰り返し、霧の中を、南山村の標高２０００ｍの狭い峠道を走って行く。

一番重いギヤから変速できない自転車では、この道は全く無理だったと痛感しながら外の景色をボンヤリと眺めながら、３回の休憩をとり、宜蘭に２時間４０分かかって、夕方４時半に着いた。

降りるのは自分1人だけ、あとの乗客は台北までだ。

駅前の広場で、急いで自転車を組み立て、小雨の中、目的のＧＩＡＮＴショップに、ついに辿り着いた。

「後ろのワイヤーが切れたので、修理してください」と言うと直ぐに確認して、「４５０元だが良いか？」と聞いてくる。修理してもらうことしかないので、二つ返事でお願いする。暫くして修理が完了し、これで復帰だ。

既に暗くなった雨の夜道を１０ｋｍ先にある礁渓温泉の宿を目指し、後ろのフラッシュライトと前方のライトを点灯させ、「今日は運が悪かったので事故に会わないように」と祈りながら走り出した。

ところがである、後輪がゴツゴツしている。見るとパンクだ、矢じりのような小石が突き刺さっている。自分は体重がそれ程重くないこと、タイヤは最も耐久性やグリップ力が高い、コンチネンタル・グランプリⅡなので、普段からパンクすることは殆どない。もう3年はしてないような気がする。雨の中でチューブを入れ替え、走り出すと直ぐにまたゴツゴツと・・、エッ？

急いだため、タイヤの内側を確認せずにチューブだけ入れ替えたのが失敗だった。

替えチューブがもう無い、もう一度、自転車屋へ戻り、パンク修理と新しいチューブを買おう。

自転車屋のご主人は、先程送り出したのにまた来たのかと言う顔をしたが、快く丁寧に治してくれた。タイヤの外側には石が刺さった跡がしっかり残っているので、大丈夫かな？と言うと、中から当てをしているので大丈夫だと言う。

今日は、ホントに運が悪かった。自転車人生最悪の日だったと思いながら再出発し、夜8時過ぎに礁渓温泉の宿にやっと到着した。

台中からの台湾横断は、最後にワイヤー切れで、完走できず大変残念だったが、いろいろな人達に助けてもらいながら何とかここまで来ることができた。その日は、ホットした気持ちで眠りに入った。

◯日月潭国家風景区

・世界自転車道ベスト10になった日月潭自転車道

2015年3月、世界で最も美しい自転車道ベスト10に選ばれた「日月潭環潭公路」を走るため、桃園国際空港から統聯客運の高速バスに乗り込む。

台中までは約1時間半で、高速バスが自分と自転車を快適に運んでくれる。

台湾の高速バスは、輪行にはとても都合が良

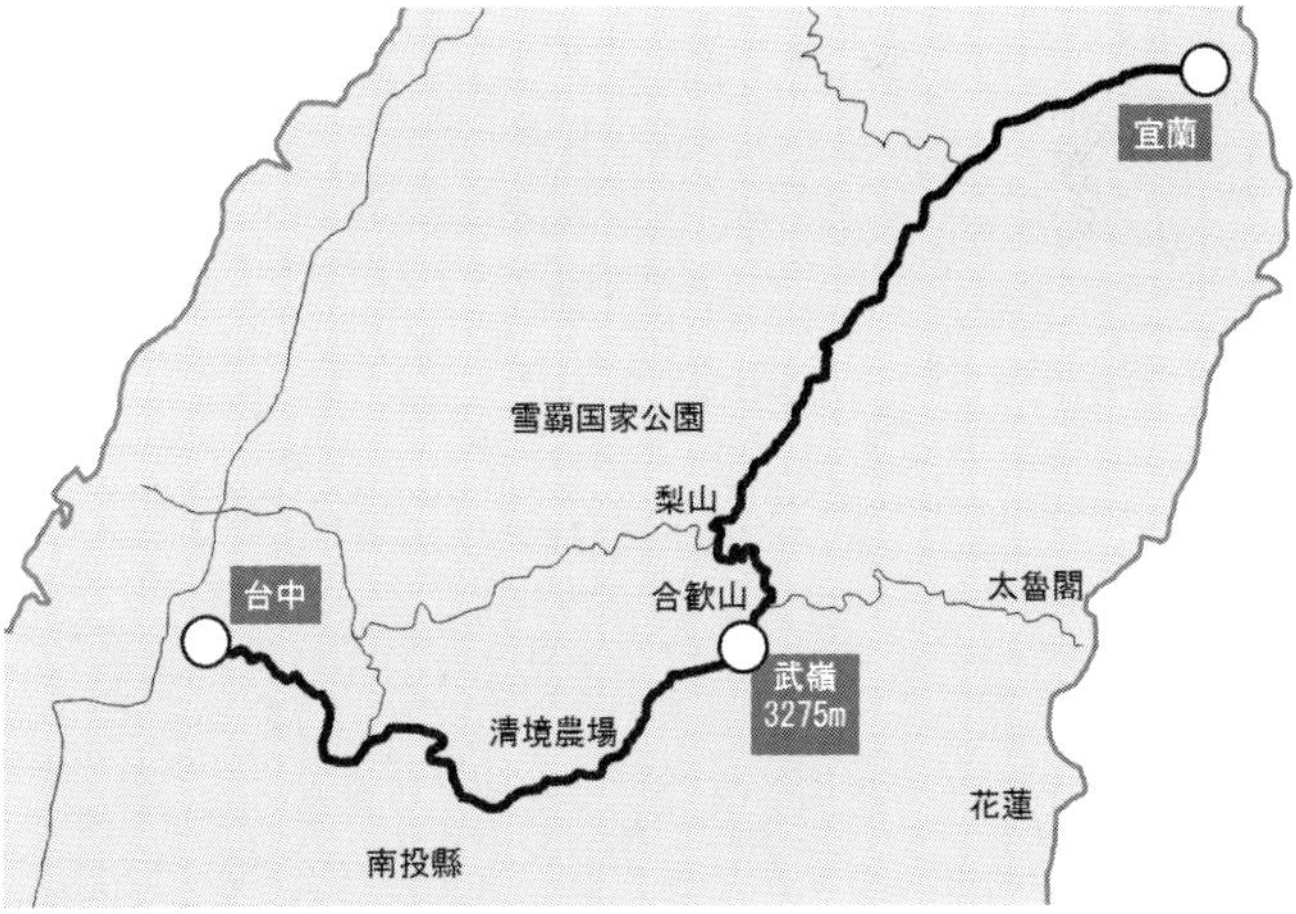

く、いつもお世話になる。

日本では時々断られることもあるが、台湾ではどのバスもトランクルームが広く、輪行袋に入れた自転車を入れるには十分なスペースがある。

ただ、自転車を入れる時には、いつも「壊れても保証しないが良いか？」と聞かれる。そんなことは承知の上なので、いつも「分かっている、分かっている、大丈夫だ」と言って乗り込み、トラブルになったことはない。

小雨の早朝、台中駅前のホテルから走り出す。途中にあった南投県庁舎前で立ち止まり、金色に輝く政府表示文字が何とも台湾らしく、良い感じだ。台道３号線をひたすら南下し、とても長い烏渓橋を超え、日月潭へ向かう１６号線に入る。

濁水渓に沿って進むと直ぐに集集の街だ。その手前には、両側に大きな木々に囲まれた快適なサイクリング道路が続く。車も少なく、木陰が続く快適なサイクリングロードだ。

集集の街はちょっとした観光スポットになっていて、駅前のロータリーや土産物屋、胴体保存されている機関車の周りは観光客で一杯だ。美味しそうなお店が沢山並び、時間があればいろいろとお店巡りをしたいようなところだ。

早々に集集の街を後にし、21号線へ入り、いよいよ急な登りが始まる。

急な登り道ですれ違った対向車から、次々に「加油！」との声が聞こえて来る。

「加油」とは、中国語で「頑張れ」と言う言葉、ありがたい！、ペダルに力が入る。必死に急な上り坂を登る見知らぬチャリダーに向けて、何人もの通行人が声をかけてくれる台湾、元気が出る。日本では、イベントの時くらいしか声を掛けられることはないが、台湾での声掛けは本当にモチベーションが上がる、嬉しい限りだ。

急な坂道を登り切ると、農園が点在する部落の中を左右に曲がる登り道を進んで行く、そしてついに日月潭の湖が見えて来た。

日月潭は台湾最大の湖、そして台湾有数の観光地だ。

随分昔、日本の団体旅行が大盛な頃は日月潭もルートに入っていたようだが、内陸部で時間がかかることから、現在ではルートから外されているのが殆どだ。

しかし、台湾各地や中国本土からの観光人気は高く、大勢の観光客が押し寄せ、大変な賑わいとなっている。


日月潭は台湾先住民族サオ族の聖地であり、今も尚、日月潭の中にある小島・ラルー島は立ち入ることができない神聖な場所だ。その小島の周りを廻る観光船が、最大の観光イベントになっている。

訪れた時は、例年より雨が少ないため、水位が低くなっているとのことで、低い所は

湖底が見える状況になっていて、少し寂しい気になった。

夕方、宿をとった伊達部に着いた。

街は大変な観光地で、路地の左右には沢山の店舗が並び、大賑わいだ。

この辺で縁起物となっているフクロウの土産物屋に寄ってみた。

この土産物屋は、日本のテレビで見たことがあり、来る前から行ってみたいと思っていたお店だ。沢山のフクロウの土産物があり、その中から石で作られた小さなフクロウのキーホルダーを記念に買う。

店主に「貴方を日本のテレビで見たよ」と言うと、「ＮＨＫか？」、「そうだ」と言うと嬉しそうな顔をしてくれた。そのフクロウのキーホルダーは、今も私のスマホに付いている一番の宝物になった。

予約していた宿に入る。宿の主人から、「地元の踊りがあるので、行ってみたらどうか」と言うお誘いに誘われて行ってみる。

サオ族の民族紹介や踊り、歌を無料で楽しむことができる。

観光地のイベントで良くあることだ、「どこから、来ましたか？」と言う司会者の問いかけに、「台中」、「台南」などと声がする。「もっと遠くは居ませんか？」との声に、「ズーベン（日本）」と言うと、「オウー」と言う歓声が響く。

イベントの後、横にあった食堂で夕食を取る。地元の食材を使った鍋物だが、これが非常に美味しい。材料は質素だが、自分には凄く美味しく、一気に平らげ幸せな感じに浸る。

次の日、今回のメインイベントである日月潭一周、約３０ｋｍのサイクリングに出かける。距離は短いので、世界で最も美しい自転車道ベスト１０を時計回りにゆっくりポタリングして一日を楽しむ。

日月潭は、昔、中国本土で毛沢東との争いに敗れた蒋介石が台湾に入って来た後、保養地とした場所で、最も贅沢な雰囲気を過ごせる場所と言っても過言ではない。

日月潭の南側にそびえる慈恩塔は、蒋介石が母親を想って建設した塔で、道路から少し上った所にある。坂を登り、駐車場に自転車を停めて、歩いて塔までの遊歩道を登って行く。早朝なので塔の周辺には誰もいない。最上階は日月潭を３６０度一望でき、独り占めしてゆっくりと楽しむことができた。

その後、再び自転車で向山を目指す、南側にある21号線から外れ、向山へ向かう4km程の頭社自転車道は完全な遊歩道だった。
自転車で快適に走りたいなら、少し遠回りになるが21号線を走った方が良い。
自分は遊歩道を進み、自転車を担いで石段を下ると前方から女性二人組と出会い、道路にカメを見つけて、「タートルだ！」などと言いあって先を進む。
日月潭観光の中心地である水社は、大変な賑わいだ。大勢の観光客が観光船に乗り、ラルー島を廻る船で出かけている。

また、GIANTのレンタサイクルショップがあり、クロスバイクからロードバイクまで数多くの自転車がレンタルできるようになっていて凄い。

お昼前となり、コーヒーショップで小休止し、美味しいコーヒーとケーキで日月潭の景色をゆっくりと堪能する。

水社から東側へ走ると文武廟があり、大きな獅子が入口にある。本殿には関羽や孔子が

祭られており、日月潭を一望できる。

またその少し先には、日月潭ロープウェイがあって、高台に台湾各部族の文化を題材とした九族文化村、現在、日月潭で一番の観光スポットとなっている場所へ一気に上がることができる。訪れた時は桜の時期で、駐車場には桜が沢山咲いていた。

日月潭に2泊した後、早朝の5時頃に湖畔へ出かけてみた。

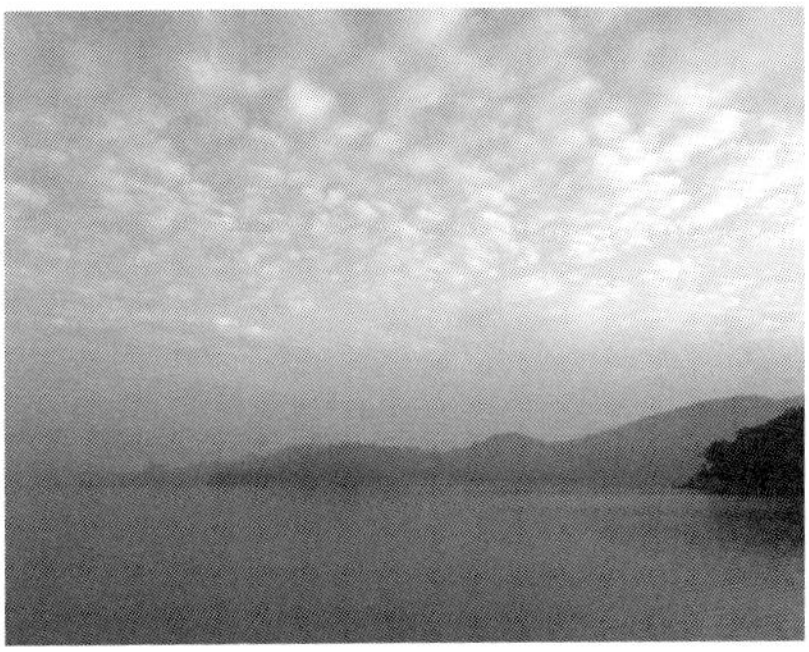

夜明け前の薄暗い湖畔には観光客もなく、静まりかえっている。

静寂の中を漁に出る小船が静かに湖面を進んで行く。

何とも幻想的で、日月潭の雰囲気を最も堪能できた瞬間だ。

山の中の日月潭、昼間の路地は観光客で大賑わいだが、元々の街の原風景、サオ族と言う先住民族の暮らしは、こんな静かで自然の中の営みだったのだと感じる。

宿で朝食を済ませて、台中へ戻るために21号線を走り出す。

昨日までとは逆方向、反時計回りに走り、竹石園の大きな交差点で日月潭に別れを告げ、21号線を埔里へ下る。大変長い下り坂を一気に、どんどん下って行く。

週末なので、下から必死に登って来る沢山

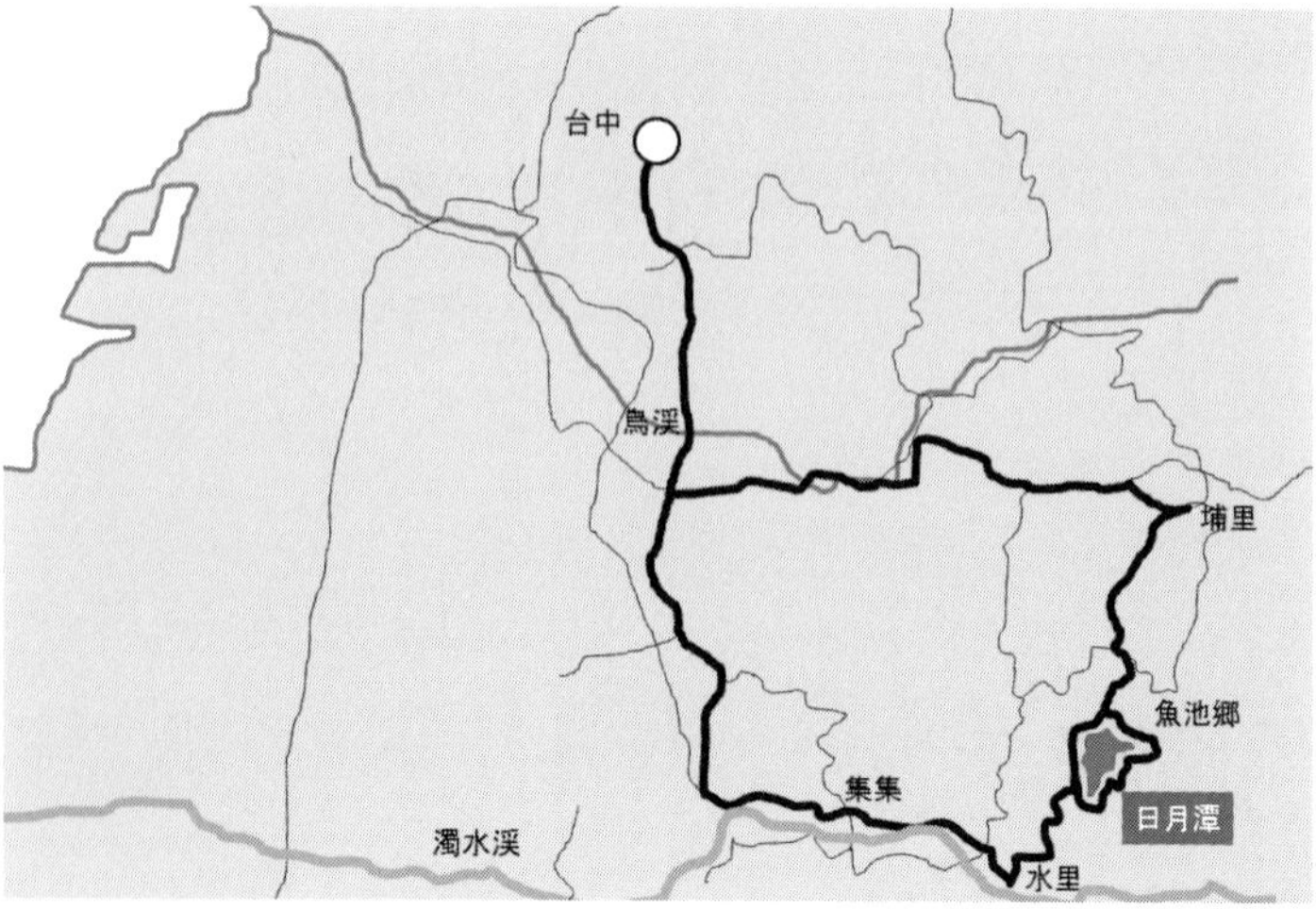

のチャリダー達とすれ違い、お互いにサインを出すが、道幅が広いので加油の声は届かない。

　日月潭へのアプローチは、自分が登った南側の水里からの道はかなり急だが、埔里から登る北側は緩やかだがとても長い上り坂だ。殆どの台湾チャリダーは、この北側の長い坂を登っている。

　自分はこの坂を下り、紹興酒の名産地である埔里に到着。街中にある紹興酒の工場は、観光バスで来た観光客が大勢いる。日本の酒蔵と同じように、試飲や土産物で大賑わいなのだろう。

　埔里から烏渓沿いの14号線をひたすら西に走り、3号線に合流したところを右折し、北にある台中に向かう。台中では、金色の巨大な布袋様がある寛覚寺に寄る。

　寛覚寺は、日本統治時代に台湾で亡くなった日本人1万4千人が安置されているお寺だ。気持ちを静めて、祀られている沢山の日本人の方々にしっかりとお参りをする。

　戻った台中では、その夜丁度、台湾ランタンフェスティバルが開催されており、その夜はそのお祭りに大いに浸る。

台湾ランタンフェスティバルは、毎年、開催地が決められ、盛大に開催されている台湾を代表するイベントだ。今年のイベント会場となった台中公園では、運良くフェスティバルに参加することができた。

ライトアップされた大きな張りぼての中に明かりが灯り、レーザー光線や音響によって、大変美しい。地域の方々のパレードや踊り、様々な催しが夜遅くまで続き、大変な賑わいだ。今回の日月潭行は、台中を起点とした僅か２５０ｋｍだったが、サオ族の文化などに触れることができ、貴重なロングライドを楽しむことができた。

大稲埕碼頭
Dadaocheng Wharf

台北
(9/16、22)
2017-09-14T11:30:38Z
台中
(9/17)
花蓮
(9/21)
台南
(9/18)
台東
(9/20)
墾丁
(9/19)

臺南孔子廟

鵞鑾鼻

南
SOUTH
9
北
NORTH
9

9 尚武 Shangwu 3
大武市區 Central Dawu 6
9 台東 Taitung 49
70

SCICON ULTRALIGHT TECHNOLOGY
53

愛河自行車道
Love River Bike Path

Taipei

中正路
3 烏 溪 橋
大肚溪
04-26992580

雲海
渡假山莊
住宿
簡餐
咖啡

太魯閣
國家公園
TAROKO NATIONAL PARK

武嶺
標高3275公尺

3158 Café

福壽山農場
Fushoushan Farm
雪霸國家公園
Shei-Pa National Park
天祥
太魯閣

第4章

南西部

台南・高雄・最南端

４. 南西部

○北回帰線の街・嘉義

２０１７年のＧＷを利用して台湾自転車旅を続けるため、福岡空港から２時間で台北・桃園空港に再び到着。到着後、大きなシーコンバッグから、軽量な輪行袋に自転車を入れ替え、シーコンバッグは丸めて、空港の手荷物預かりカウンターへ１週間預けて出発する。

今回は、中西部の嘉義から南西部を経由して、台湾最南端を目指す。

早速、２０１７年３月に開通したばかりのＭＲＴに乗り、桃園国際空港から約１５分で高鐵桃園駅に到着。これまでのバス移動と比べて、随分と楽になった。開通したばかりのＭＲＴの乗り心地は非常に快適で、自転車などが置ける荷物置きスペースもあり、輪行には日本の電車よりも快適だ。

高鐵桃園駅の新幹線切符売り場で「自転車があるので、一番後ろの席に座りたいです」と言うと、直ぐに一番後ろの席の切符を渡してくれた。

今回の自転車旅の出発地となる嘉義まで台湾高鐵で輪行し、夕方、新幹線の駅を降り立つことができた。駅前で自転車を組み立てていると、現地チャリダーが「どこまで行くのか?」と声をかけて来た。「今日は嘉義だ。明日から台南に行く。日本から来たんだ。」と言うと、「そうか、頑張れよ」と言われる。

自転車を組み立て、東にある嘉義市街地に向け、夕日を背に受けながら走り出す。

とりあえずは、５ｋｍ先にある北回帰線標誌だ。

夕日を浴びた標誌で、写真を撮ろうと近くにいたオジサンに、「写真を撮っていただけますか？」と声をかけたのだが、モデルのように次から次へと「アッチダ、コッチダ」と数十枚の撮影に応じる羽目になった、ハア〜。

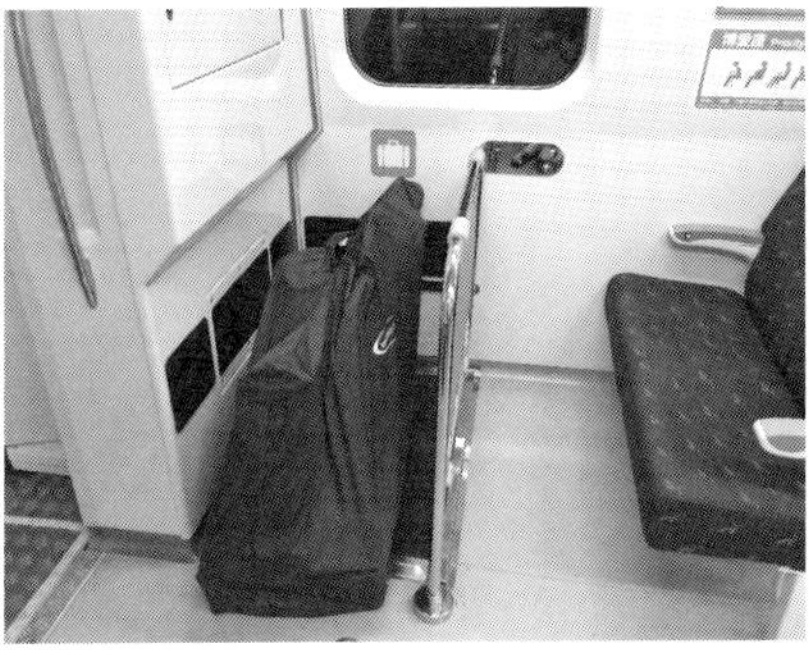

でも、日本人だと分かった途端に、これ以上ない程の親切さだ。

いくつもの北回帰線標誌が立ち並び、どれも素晴らしい。台道1号線には、北回帰線アーチもあり、地元にとっては大変大きな意味があるものなのだと感じる。

○烏山頭ダム国家風景区（八田自転車道）

嘉義のホテルで朝食を済ませ、早朝から走り出す。天気は快晴、絶好の自転車日和だ。今日は、今回の主目的地の一つである「烏山頭ダム」を目指し、一路台道1号線を南下する。

昨日の夕方に寄った北回帰線アーチの下を再度通過して、南へ向かう。このアーチから南は、いよいよ熱帯だ。1号線は片側に、車道2車線とバイク車線、それに自転車線があり、自動車の速度は速いが、自転車が走行するには十分な車線幅があり、路面も滑らかで、快適なロングライドができる。暫く走ると後壁火車站があり、駅前には映画を記念した立派な銅像が並んでいる。

約40kmを走って、烏山頭ダム入口に到着。

このダムは、干ばつと洪水で不毛の地と呼ばれていた嘉南平野の農業灌漑のために10年の歳月をかけて建設され、現在は15万ヘクタールと言う台湾最大の穀物地帯を潤している。その建設工事を主導したのが、日本人土木技師・八田與一氏（１８８６〜１９４２年）で、現在も「台湾農業の恩人」と敬愛され、地元の人達によって毎年、盛大な慰霊祭が行われている。

水力発電所脇にある「八田技師記念室」に寄ってみる。ダム建設当時の状況や金沢市出身である八田與一氏の経歴、人生をかけて当時アジア最大級のダム建設を行った内容、そして戦時中、フィリピンへの灌漑調査で乗船した輸送船が米軍に撃沈され、帰らぬ人となったことを知る。

亡くなった八田與一の妻・外代樹は悲しみ、日本に帰ることもなく、このダムに身を投げ、生涯を閉じた。

自分もこれまで日本の一技術者として精一杯仕事をしてきたが、八田與一氏の功績を記念室で眺めていると涙が頬を伝い、「自分はまだまだ。

もっと努力して、八田のように、もっと世の中に貢献しなければいけない」と言う思いが強く胸に溢れて来た。

台湾の教科書には八田與一の業績があり、子供達は学ぶそうだが、日本の教科書でも日本の子供達に是非学ばせたい内容だと痛感する。

ダム周辺は公園に指定され、立派に整備されている。ダム周辺をゆっくりと堪能し、高揚した胸の高まりが静まるのを待ちながら、次へまた走る。

○マンゴーの里・玉井

烏山頭ダムから少し南東の山間にある、玉井を目指す。

玉井は、マンゴーの故郷と呼ばれる所で、山道を登って行くに連れて、徐々に傾斜１０％を超える坂道が出て来た。

気温は３０℃を超え大汗をかきながら、山道を必死に登って行く。道路脇には、パイナップル畑やバナナ、マンゴーが生っている。

農園が多いが、誰の木でもなさそうな立派な実を見つけると、取って食べてみたいと思うが、もし問題になるとマズイと思い辛抱して冷静にペダルを踏み続ける。

玉井では、大きな市場や美味しそうなマンゴーかき氷の店が並ぶ。火照った体を冷やすため、店先のオジサンの呼び込みに誘われて店に入る。「一番のお勧めは何？」と言うと、「このマンゴーかき氷だ」と答える。テレビ番組のような大きなものは食べられないので、小を注文する。やあ～美味い！、体に染み込む、ここまで登って来た甲斐があった。

市場に寄ると、バナナやパパイヤなど、沢山の果物や野菜を売っている。マンゴーは、５月上旬ではまだ少し早いようで、あまり数が出ていない。でも価格は日本の１桁下で、マンゴーを沢山食べるなら、やっぱり台湾だと痛感する。

登って来た玉井を後に、宿がある台南へ一気に下って行く。道路状況も良く、道幅が広く、時速５０ｋｍ／ｈだ。そして夕方、台南駅前の大きなホテルに到着した。

予約していた安部屋は、何かの手違いで予約を確認できないと言う。予約毎に印刷した紙管理になっているから、その抜けが出たのだ。だが、

自分にはバウチャーがあったので泊まれることになり、ホテル側から案内されたのは最上階のロイヤルルームだった。しかも、今回は台南近郊をゆっくり走り回ろうと4泊も予約していたので、最上階のロイヤルルームに4泊もして、料金は朝食込みで12000円も行かない、1泊3000円以下だ。

大きな部屋にキングサイズベッド、別部屋にソファールーム、20畳以上ある浴室、窓を開ければ真下の台南駅や遠くまでの見晴らしが素晴らしい。超ラッキーだ。

今日の走行距離は、山道も含め113kmだ。

◯心癒やされる古都・台南

朝早く、朝食を済ませ、近くにある台南公園と成功大学に自転車で出かけた。

台湾の早朝の公園は、森や湖、草花、鳥の鳴き声など、どこも自然豊かな雰囲気が漂い、最高の癒しの空間だ。大好きな瞬間だ。

そんな中に、地域の老若男女が次々と集まり、太極拳や体操、音楽にあわせた踊りなど、好き好きに体を動かす。その様子は心癒される感じがして、いつも楽しみだ。

早朝の台南公園では、多くのグループがそれぞれに活動していた。

今日は、自分も参加しようと思い、太極拳グループの後ろに加わり、見様見真似で1時間ほど、体を動かしてみる。

これまで太極拳には興味があったが、実際にやったのは初めて、単に体の動きだけではなく、吸って吐くの腹式呼吸と体の動きが連動しており、心身の浄化と言うか、リフレッシュ感が実感できるようになって来た。１時間もやっていると、体が汗ばんで来たので終わりにしたが、グループの人達は延々と続けている。毎日、こんなにやっていたら、きっと健康になるだろうなと痛感する。

グループでは、指導者などの役割があって、組織的に行っているのが凄い。

台南公園には、他にもジョギングや散歩をしている人たち、池の魚や木々を渡り歩く地リス、飛び回る鳥たちも沢山いて、人間も動物もそれぞれ楽しんでいる。

日本にも公園はある程度あるが、こんな豊かさが日本にはあるだろうか。台湾での地域活動の豊かさは凄い、日本の豊かさとは違うものを痛烈に感じる。


次に、近くの成功大学へペダルを踏む。

成功大学の名前の由来は、物事の成功ではなく、１６６１年にオランダ統治から台湾を取り戻した鄭成功の名前に由来するものだ。キャンパスには、創造性に溢れるモニュメントがあり、建学心の高さを感じる。キャンパスの北側に、広い芝生広場があり、その中に一本だけ柵で覆われた大きなガジュマルの木がある。

１９２３年、日本の裕仁皇太子（後の昭和天皇）が植樹した木で、圧倒的な存在感がある。その周りでも、複数のグループの人達が踊っている。


午前9時頃になった。そろそろ街が動き始める時間だ、先ずは台湾最古の孔子廟に行こう。自転車で南へ走ると、１５分ほどで到着した。

台湾には、孔子を祭った孔廟が全部で１１カ所もあるが、その中で最も古く由緒ある廟が台南の孔子廟だ。

祭られている孔子の生き方は、自分もこれまで大いに学び、その実践を志してきたが、台南孔廟はその聖域と言うか、立ち入る時は襟と心を正し、心身を整えて入る思いである。

思っていたよりも、それほど広くはない。あまり観光化もされてなく、質素にその思いや教えを守り抜いている感じだ。

日本の湯島聖堂や長崎孔子廟の方が華やかな感じがするが、日本の孔廟はどこも、この台南の形式や伝統を尊重し、これに準じた廟なのだと感じる。

これまで思い描いていた、最も由緒ある台南孔子廟をついに訪れた。そして孔子への崇拝と感謝の思いを一心に抱きながら廟内をゆっくりと巡ってみる。

次に訪問した赤嵌楼は、オランダ統治時代の城であり、取り戻した鄭成功を祭った記念碑などがある。道路を挟んで、担仔麵発祥の店、度小月（分店）がある。

早速、担仔麵を堪能してみる、小振りだが美味しい、流石である。

小腹を静めて、台湾で最も古い街、台南の街並みをゆっくりと散策する。

こんな時、自転車は大変便利だ。一般の観光ならその都度、バスやタクシーで移動し、歩いて回ることになるが、自転車は、スマホさえあれば道に迷うこともなく、何処へでも簡単に行ける。こんなに自由度が高い旅は、自転車以外にない。一般の観光より、何倍も広範囲に、何倍も沢山の場所を訪れることができる。

台南の古くて歴史を感じる狭い路地、そして、神農老街などには色んなお店が沢山あり、

散策していて凄く楽しい。ブラブラと何度も同じ道を繰り返し走り、良さそうなお店に次々に立ち寄る。そんな楽しみ方が、台南には合うのかも知れない。

昼頃となり、南部の水萍温公園通りにあった素食（惣菜屋）に立ち寄り、お腹一杯に食べる。沢山取っても、１５０元（約５００円）で、しかも美味しい。

水萍温公園には緑の木陰に沢山のベンチやテーブルがあり、多くの方々が思い思いに話をし、うたた寝などをしている。

自分も沢山食べ過ぎて眠くなったので、木陰で居心地が良さそうな場所を探し、１時間ほど昼寝をする、本当に幸せな時間だ。心が癒される。

台南最初の日は、大変心豊かな気分に浸り、癒された一日となった。今日の走行距離は４０ｋｍ、全くのポタリングだった。

・安平

次の日、西側６ｋｍ先にある安平を目指して走り出す。１５分位だ。

途中の台南運河は海まで繋がっており、大変立派に整備されている。運河と両側の道路、ビルがマッチした景観が非常に美しい。走っていて、爽快感十分だ。

この台南運河を整備したのは、松本虎太と言う日本人土木技師で、１９２６年に完成させている。彼はまた、台北近くの基隆港、台湾一の港湾整備や台湾電力会社などにも携わっている。

安平には、オランダ時代に要塞や台湾を取り戻した鄭成功の銅像や資料館などが沢山ある。今は、どこも賑やかで観光客が凄い。

海岸沿いの安平周辺には、ヨットハーバーや自転車道、養殖池やアヒルの養殖場、水位が低いので用水路が張り巡らされており、ポタリングには最高の環境だ。牡蠣と卵を鉄板で焼いた名物の蚵仔煎をいただく、量は少ないが甘いタレが効いて絶妙な美味しさだ。

・西部濱海公路
安平から少し北に行った所に四草緑色隊道と言う、養殖池の用水路をマングローブの木々が両側から覆い、その緑のトンネルを船で観光するスポットがある。

大きく高い四草大橋を渡り、広い道路を走って到着すると、そこには大陸からの観光客が大勢観光船待ちで並んでいた。列は２００m位あるだろうか、これでは1時間待ちだ。乗船を諦め、水路沿いを走って観光することにする。

さて次は北へ３０km、北門区にある井仔脚瓦盤鹽田と言う塩田を目指して、台道１７号線を北上する。１７号線は西部濱海公路と言う台道で最近整備が進み道幅が広い、向かい風だったが快適な走行が続く。

真っ直ぐに続く道路を向かい風と闘いながら走っていると、ハンドルのバックミラーに、後方から来る自転車が遠くに写っている。

自分は平地では時速３０km前後で走るので、台湾では同じ自転車に追い越されることはそれ程多くない。だが、どんどん近づいて来る。ペースを３３km位に上げたが、横に並ばれる、速い。若くて体も大きく、サーベロに乗った健脚だ。「こんにちは」と声をかけると、向こうも「こんにちは、何処まで？」と言って来た。

井仔脚瓦盤鹽田を目指しているのだが、その中国語発音が全く分からない、シマッタ。答えができないので、とりあえず地名の北門（ベイモン）と言う言葉を返す。

次は「どこから？」と聞いてきたので、「自分は日本人で、日本から来た。今日は台南からだ。」と言う。

それ以上の会話は良く分からず続かない。「じゃあ、頑張って」と会話して、彼はグングンスピードを上げて見えなくなっていった。

将軍渓の橋の所には自転車道が整備されていて、大きな自転車の標識があった。これも凄い、日本にはこんなに大きな物はない。

暫く行くと、泰安宮と言う門を左折して塩田地帯に入り、井仔脚瓦盤鹽田に到着。

昔はこの地域全体が塩田だったようだが、現在、この井仔脚瓦盤鹽田が、まだ塩田として運営されている。

入口に駐輪し、売店の椰子の実を見て、「これを下さい」と言うと、ナタで椰子の実の付け根を切り、ストローを刺

してくれた。甘くて美味しい、５００ccはあったと思いうが、汗をかき喉が渇いていたので、一気に飲み干す。

塩田には、区分け毎にいくつもの塩のピラミッドが作られ、天日干しの製塩説明を見ると作り方が良く分かる。水分の蒸発や塩分濃度調整、結晶化など、区分け毎に良くできているものだと感心する。

製塩が終わった塩が地面に山積みになっていたので良く見てみると、大きさが数ミリの

直方体をした結晶だ。少しだけ失敬してみると、確かに美味しい。

また近くには、台湾最大の塩田であった七股塩場もある。そこまで、海沿いの61号線を南下する。車の通りが少なく、日本では考えられないくらい延々と立派な道や大きな橋が続く。

七股塩場も、現在は観光スポットとなっており、塩を積み上げた塩山が一番の目印で、この山に登ってみる。

塩でこんな大きな山まで作ってしまうのだと感心する。頂上からの眺めは、園内の様子や台湾海峡が見渡せ、また園内には、昔、塩を運んでいた列車や資料展示、土産物などが並んでいる。

◯神様になった日本軍人「鎮安堂飛虎将軍廟」

61号線から17号線に戻り、台南から北西へ5km、安南区にある鎮安堂飛虎将軍廟を目指す。

この廟は、一人の日本人を祭るために地元の人達が建立したものだ。

戦時中の1944年10月12日、米軍の攻撃を迎撃するために、飛び立った零戦が攻撃を受け、尾翼から発火する。機体は急降下し、操縦していた杉浦茂峰兵曹長は、このままでは下の街に墜落して爆発して、何百戸の家屋が消失するだろうと思い、機首を何とか上げ、畑や養殖池がある郊外へと向かった。

機体は途中で爆発し、杉浦飛行士は辛くもパラシュートで脱出したが、これを狙った米軍機にパラシュートを銃撃され、杉浦は畑に落ちて亡くなった。

その後、養殖池の周りでは、白い服を着て徘徊する人影を地元の人達が何度も見かけるようになった。これに恐怖を抱いた地元の人達は保生大帝に相談したところ、墜落して亡くなった杉浦兵曹長の亡霊であることが分かった。

地元の人達は、自分たちの何百もの家屋を守り、自らの命を絶ってしまった杉浦兵曹長に感謝して祠を建て、現在も参拝が続いている。

廟には、その後少尉となった杉浦茂峰の写真や資料、台湾と日本の国旗などが飾られている。参拝して記帳しようとすると、そこには日本人の名前が数多く記帳されている。捲ってみると、1カ月に数百人規模の方がお参りされていた。

思わず涙が頬を伝う。このようなことは、日本人がもっと知っておかなければいけないと、胸に熱い思いが込み上げながら、廟を後にした。

今日は、北上して台南郊外の北西部を沢山廻って折り返し、市街地へ戻ったが、時間はまだタップリある。もう一度、安平に行ってみようと思って走り出す。

安平をブラブラしていると、道路沿いに「安平豆花」と書かれ、行列ができている店を見つけた。豆花は、豆腐で作ったヘルシーデザートだ。

一番人気は、さらっとした豆腐の豆花にタピオカや小豆、シロップなどをかけた物だが、自分は糖尿病なので、甘い小豆なしのタピオカたっぷりのものを注文する、値段は４０元（約１４０円）と安い。食べてみてびっくり、これは美味しい！

台湾には美味しい食べ物が数多くあるが、これまで食べた中で、これは断トツに美味しい。豆花の豆腐は喉越しが軟らかで甘みが強くない、タピオカのプチプチした触感とトロ

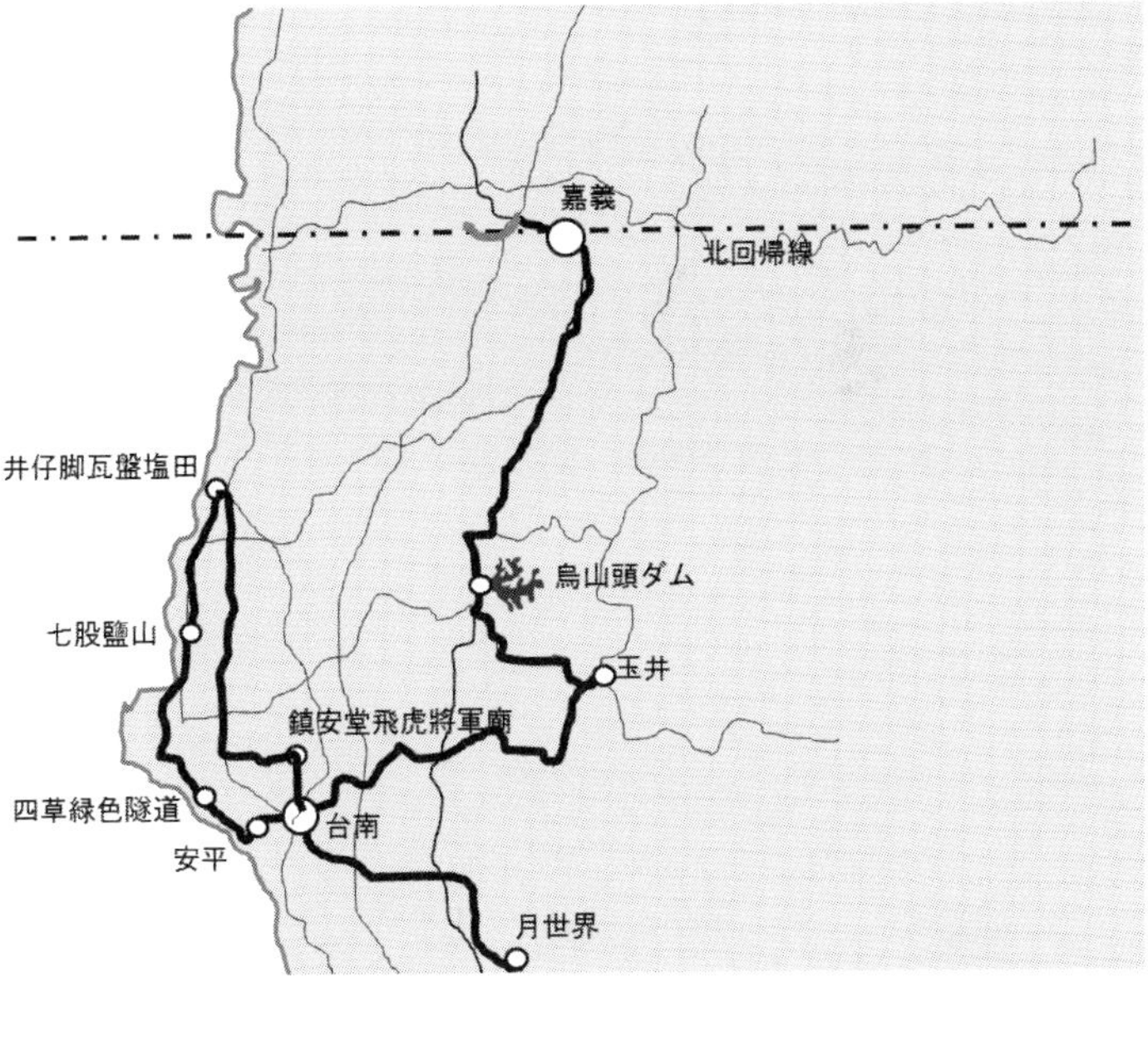

リ・サラリとしたシロップが最高の美味しだ。

台南には、安平本店の他にも合計3店舗があり、自分は台南を離れるまでに結局、4回も食べることになった。

日本にも店があったら、是非通いたいと思うくらいだ。安平豆花に大満足して、ホテルに帰ることに。今日の走行は、108kmだ。

○月世界と泥火山

台南の街をしっかりと満喫し、いよいよ次の高雄を目指す。

台南から高雄までは、台道1号線を行けば50km程だが、30km先の山間部に月世界と言う、地殻変動でできた珍しい場所がある。また、登り道だ。

台道28号線に入り、山道となるとコンビニも何もなくなって来て、パイナップル畑やマンゴー、バナナが道の横に生っている。

山道を登って行くと、前方に大きな砂山が目の前に飛び込んで来た。目指す、月世界だ！、こんな景色はこれまで見たことがない。

駐車場に停まっている大型バスの脇を自転車ですり抜け、上へ続く山道をダンシングで強引に登って行く。段々と傾斜が急になり、10%から15%、そして頂上が近くなると

２０％を越え出した。

マズイ、これ以上になると自分は登れない、立ちごけはしたくないので、道路脇の柵に近づき、ビンディングを外すと同時に柵に左手でしがみ付き何とか停止した。

サイクルコンピュータを見ると傾斜は２４％だ、これ以上、自分には無理だ。

歩きながら自転車を押して登って行くと、頂上に池があり、その周りを一周してみるが、周りは、砂山のような凄い形をした山々が遠くまで続いている、これが月世界と呼ばれる

周囲数10kmに渡る地域なのだ。

月世界は、台湾にしか見られない大変珍しい地形である。

月世界ができた理由を、少しくどくなるが説明しておこう。

日本には標高3000m級の峰が21しかないが、台湾には253峰もあり、その最高峰は玉山3952m、富士山よりも高い。

どうしてこんなに高い山があるのかは、地質学によると、固く大きなユーラシアプレートと、南にあるフィリピン海プレートが衝突し、毎年3cmと言う世界最速の隆起が起こっている。これは、日本で最も速い場所の7倍だそうだ。

この隆起そのものが台湾を形成し続けていて、台湾各地では通常は地下で発生するような地殻現象が地表でも起こっている。

月世界は泥岩（特に、未成熟な柔らかい泥の岩）の山だ。

通常は、地下深く高い圧力で押し固められ、硬い岩となって地表に現れるのが、隆起速度が異常に速いため、固まらないうちに地表に押し出されて山となったものだ。

そして、雨風の浸食で表面が崩れ落ちて、このような砂山のような形になっているのだそうだ。

凄い所に来たものだと痛感しながら、月世界の景色に見入り、眼下にある池の周りを散策してみた。

交通手段がバスか自動車しかないので、大勢いる観光客は大陸からのバス観光の中国人ばかり、日本人などは一人もいない。

月世界の風景に度肝を抜かした後は、更に１６ｋｍ先の山間にある烏山頂泥火山を目指して、また細い山道を登って行く。深い山中の道を登って行くと、崖崩れで道路が通行止めになっている。これは困った、回り道は相当に遠くなる。

良く見ると、道路が崩れ落ちてはいるが、山側に人が歩いた跡もある。よし、１００ｍ位だ、自転車を押しながら乗り越えて行くことにしよう。何とか無事に乗り越え、またペダルを踏みながら登って行くと分かれ道に出た。

左からバイクに乗った現地の老夫婦が寄って来て、近くに来るとエンジンを止め、何か言って来たが良く分からない。台湾語だ。山の中に不つり合いなチャリダー服を着て、こんな所を走っていたものだから、多分、台湾語で「こんな所で、何をしているんだ！」と驚いて言ったのだと思う。

言葉が分からないので、自分の方から「この道はダメだ。俺は日本人で、日本から来たんだ。ニホンジン！」と言うと見事に通じた。日本語で言った「ニホンジン」も通じた。日本人と分かった瞬間、老夫婦は安心したように柔和な顔付きとなり、「気を付けて行けよ」と言うようなこと言って去って行った。

泥火山は、しっかりと管理された公園になっていた。

入場者は記名をしろ、と書いてあったが誰もいなかったので、そのまま入って、泥火山を見学する。高さが5～6mの泥火山が二つある、しかもゴボッゴボッ、ゴーゴーと気味が悪い音が聞こえ、地鳴りもする。

暫く見入るが、少し怖くなって早々に退散する。

入口に戻ると、今度は管理人がいて「何処から来たのか？」と聞いて来たので、「今日は

台南からで、もう見て来たよ」と答えると、ちゃんと記名しろと言うので、一緒にパスポート番号まで記入することになった。

「日本人か?」、「そう、日本人だ。日本のテレビでここを見たので、やって来た」と言うと、「そうか」と嬉しそうな顔付きになり、「良い物を見せてやろう」とスマホの動画や写真を沢山見せ始めた。

動画は、泥火山が活発に活動した時の映像で、今は流れ出てない泥が勢い良く流れ出ている、凄い。貴重な画像を見せてもらったと感謝を言って別れる。

直ぐ目の前には、公園のような広場と廟がある。

早速、廟にお参りして、自転車に戻ろうとしていると、ボトルの水が殆どなくなっていることに気づいた。周りには何もないので、補給できるとしたらここしかない。

幸い、広場の横に売店のような家屋があったので、「お水はありませんか?」と聞くと、「あるよ」と言って、やかんを差し出してくれた。

沸かしたお湯かも知れないが、慣れない水は気を付けた方が良いので、「水を買いたいのですが」と言い直すと奥からミネラルウオーターのボトルを持って来てくれた。

「いくらですか?」と言いながら小銭を出そうとすると、１０００元札（３４００円位）しかない。これはマズイ、「スミマセン、買えない」と言うと、「仕方ない、お金は良いよ」

とボトルを手渡してくれた。

平身低頭し、「申し訳ない、ありがとうございます」と言うと、まあまあ座れと言うことになり、テーブルに付くなり、お茶を入れ始めた。

出されたお茶は、甘みがあってとても美味しい。

台湾の烏龍茶は、高級なものが沢山ある。こんな山中のお茶は、きっと市場にも出さない現地だけの立派なお茶なのだろうと思い、よく見ると確かに、高級烏龍茶によくある、葉を丸く巻いた大きな立派な茶葉だ。そして、とても甘くて美味しい。

「日本のお茶は、小さな葉っぱのお茶か？」、「そうだね、切り刻むからね。このお茶は、甘くて凄く美味しいね」と話していると、気分を良くしたのか、次から次にお茶が注がれ、話もどんどん続いてゆく。

「こんな所まで、一人で来たのか？」、「そう、一人だ」、「一人じゃなくて、女性と二人で来なきゃ」、「自分も、そう思うのだが・・」。

段々と細かい話になり、分からなくなって来た。オジサンはスマホを取り出し、翻訳し

ながらの会話となったが、思いがけなく楽しいひと時を過ごさせてもらった。

山中の泥火山からは、近くの科技大学キャンパス横の山道を通り抜け、高雄までの下り道を下る。

高雄の街が近づくに連れて、コンビニが現われて来たので小休止し、一服入れる。

台湾新幹線の最終駅である高雄・左営駅まで走ったが、宿に入るにはまだ時間があるので、近くにある孔子廟に立ち寄る。３年前にも来たことがあるが、その時は改修中で、中を見ることができなかった。

高雄孔子廟はとても大きな廟で、改修したばかりなので美しい、受付

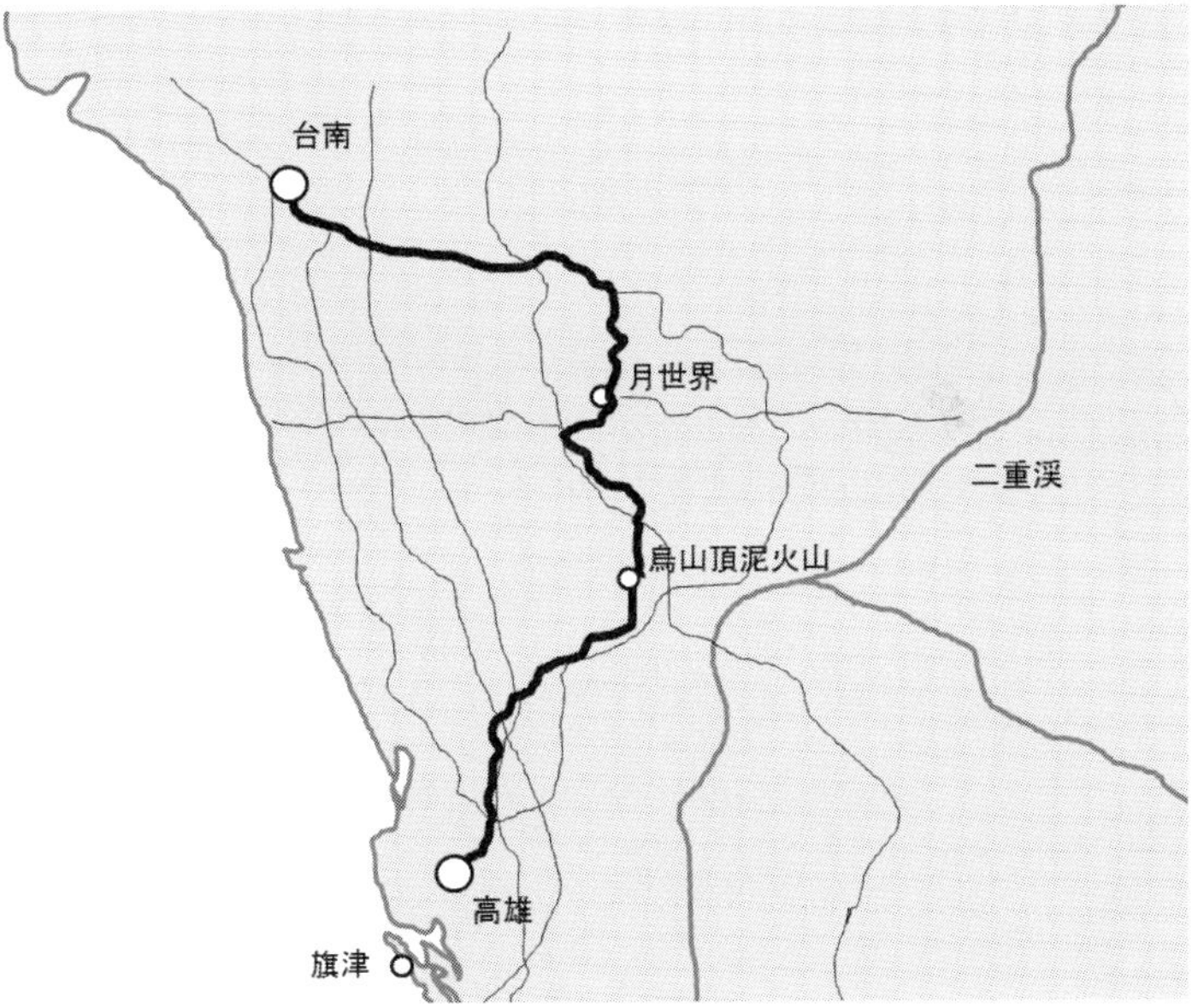

で入場料を聞くと「無料」と言う。廟内を散策してお参りを済ませ、廟前に広がる蓮池潭畔を走る。

蓮池潭は高雄観光の中心地、いつも観光案内に出て来る龍虎塔などがある湖畔で、その湖畔をゆっくりと自転車で一周する。

途中の街には土産物屋が並び、マンゴーやパイナップルを売っている店もあったので、マンゴーの切実を買ってベンチで堪能していると、久しぶりに日本語が聞こえてくる。日本人観光客だ。ここまでは、日本人が入って来るんだと思う。

左営駅は大きなショッピングモールとなっていて、近代的な店舗がずらりと並ぶ。

横を走っていると、大きな自転車屋があるのに気づき、その店の自転車ラックに駐輪し、中に入ってみる。「VOLANDO」と言う自転車のブランドショップで、日本には入って来てないメーカーだ。

若くて体つきの良い店員さんが、自分が来ているのを店内から気づいていたようで、「どこから?」と

聞いてきた。「今日は台南からで、最南端まで行く予定だ」と答えると、「最南端までは120km位で、自分達は4時間半くらいで行くよ」と言う。

それならと思い、「いつもの風向きは、北西ですか？」、「そうだね」、「だったら、自転車で行って、バスで帰って来た方が良い。逆は風向きが辛いね」などと情報収集することができた。それからまた少し走って、台鉄・高雄駅近くのホテルに到着。

到着すると、派手なチャリダー服の日本人が自転車でやって来たと言うことで、フロントの人達と記念写真を撮ることになった。

夕食は、直ぐ近くにある六合夜市へ出かけ、お決まりの小籠包や台湾ビールなど、夜市で喉と胃袋をしっかり喜ばせて、1日が終わった。

今日の走行は、85kmだ。

◯最大の貿易港・高雄

・愛河運河

ホテルで朝食を済ませ、高雄の街を3年振りにブラブラとポタリングしに出かける。

高雄は台湾最大の港町だ。

久し振りの愛河沿いには、立派に整備されている愛河自転車道や公園、カフェなどが続き、爽やかな早朝の雰囲気の中をゆっくりとポダリングする。ここも台南運河と同様に大変きれいな運河で、運河の中にはクルーズ船が運行され、木道や自転車用の橋、自転車レーンなどが整備され、交差の要所では、自転車道が立体交差するほど、整備が進んでいる。

高雄は台湾第2の都市であり、街中にはひと際高い高雄85ビルがどこからも見える。

高雄の港には、大きな船が着岸し、その周辺道路は道幅も広く、ポタリングするには最高の場所だ。

・旗津

高雄から台湾海峡へ少し突き出たところに、旗津がある。

綺麗な海岸や海鮮料理で有名な旗津を目指してゆっくりと街中を走る。途中にある倉庫

街は、今は芸術家達の大変なスポットとなっている。大きなモニュメントやユニークな店舗などが並び、異次元に迷い込んだような雰囲気すらする。

その倉庫街を通り抜け、半島となっている旗津へは、小さなフェリーで渡る。改札口で15元を箱に入れ、大勢のスクーターと一緒に、自転車ごとフェリーへ乗り込み、5分位で旗津へ渡ることができる。

渡った先は、海鮮市場や店舗が並び、海鮮天国だ。海岸沿いには釣り人や浜で遊ぶ人た

ちが大勢いる。

自転車で、海岸沿いや工場街の中に真っ直ぐに伸びた道路をポタリングしてまわる。海風がとても気持ち良い。

海鮮料理屋に立ち寄り、店先に並んだ魚や貝を選んで料理してもらって、店内のテーブルと丸椅子に座って食べる。新鮮でおいしい。

○大鵬湾国家風景区

高雄から台湾最南端の墾丁国立公園を目指して、朝6時半にホテルから走り出す。今日は紺碧の空の下、台湾海峡を右に見ながら台道17号線、1号線、26号線と、一気に南下して行く。

墾丁国立公園の中心街は墾丁。そして、その先にある台湾最南端の鵝鑾鼻（オーランビ）

岬まで行って、夕方、バスで輪行して高雄へ戻る予定だ。

天気は、素晴らしい快晴、ロングライドに申し分ない。

早朝の高雄の街を通勤スクーターがバンバン走る横でペダルを踏む。遠くに高雄85大樓が見える。高雄国際空港の前の道を進んでいると、中央分離帯の中に自転車道を見つけ、ゆっくり走ってみる。通勤や散歩の人も通っている。日本の空港前には、こんな自転車道はないなあ〜。

３０km程走ると、大鵬湾に出た。ここは素晴らしい景色の入り江で、国立公園に指定されている。少し遠回りになるが、海への入口にかかる大鵬湾大橋を渡り、湖畔の自転車道を一周することにする。

大鵬湾大橋へは、街路樹が並ぶ2車線道路をアプローチし、傾斜５％の橋を登って行くと、頂上は展望台になっていて、台湾海峡を遠くまで一望できる美しい自転車道だ、凄い。

一周して、大鵬湾に分かれを告げ、暫く行くと台道1号線に合流した。

いよいよこれからが、台湾海峡を右に見ながらの美しい道。今回の自転車旅での絶景コースだ。青空と青い海原がどこまでも続く、道路は自動車用2車線とバイク・自転車用車線、片側に合計3車線がある。しかも、環島1号線に指定された、快適な道路だ。眩しい日差しの中、３０km／hオーバーでどんどんペダルを踏んで進む。

道路脇には養殖池や白い砂浜、青い海面を白い渡り鳥が列をなして飛んでゆく、とても美しい！

朝から６０km位を走ったので、途中のセブンで休憩を入れ、ボトルに飲み物を補給し、おにぎりやバナナなどを栄養補給する。何とこのセブンの入り口には、自転車の看板があって、チャリダーを呼び込んでいる。他のファミマにも同様に、自転車表示があるところもあった。チャリダーにとっては、嬉しい限りだ。

平日なのでチャリダーとは出会わなかったが、週末にはきっとロングライドする沢山の

チャリダーが立ち寄るのだろう。素晴らしい。

７５ｋｍを走り、楓港に着いた。

台北から始まる台道１号線はここで終わり、ここが１号線４６１ｋｍの終点だ。

通常の環島１号線ルートや一般の車はここを左折し、台道９号線で山越えして台東へ向かう。

墾丁へは、このまま直進し、２６号線をあと３５ｋｍ位、もう少しだ。

○墾丁と最南端・鵝鑾鼻

車城から若干の登りを終えて、恒春を通過し、いよいよ墾丁の街へ入る。右側に、素晴らしい砂浜が出てきた。白い砂浜にビーチパラソルが並び、マリンレジャーも楽しんでいる。ハワイのワイキキを小さくしたような素晴らしい景観とビーチだ。

これまでに、台湾を相当な距離走ったが、こんなビーチは他にはない。多分、台湾のハワイ、ワイキキと言っても良い場所だ、台湾最高の南国パラダイスだと思う。

高雄から墾丁まで１２０ｋｍを左営の自転車屋さんが言った4時間半は無理だったが、5時間で到着した。墾丁で暫く休憩した後、最南端・鵝鑾鼻（ガランビ）まで、あと７ｋｍを走り始める。

日本では「ガランビ」とされていることが多いが、現地では「Oluanbi または、

Eulanbi」と表記されており、発音も「オーランビ」と言っているように聞こえる。

その鵝鑾鼻を目指して、今回の自転車旅最後の道を走る。

途中、緩やかな上り坂の向こうに、青空と白い雲が見える、何と美しい風景だろう。上りだが気持ちが良い道に気分が高揚し、知らぬ間に「ウオ～」と声を出してダンシングしながらグイグイと上って行く。

気持ちが良い、100km以上走って来た疲れなど、全く感じない。

あまりに気持ち良かったので、頂上を過ぎた辺りで、何を思ったのかＵターンして来た道を下り、もう一度、青空と白い雲をめがけて同じ坂を登ってしまった。

また、きれいな海岸線を見ながら先へ進む、ついに最南端の鵝鑾鼻公園に到着。

先ずは、公園内にある灯台や石碑を見に行く。真っ青な空と緑の芝生の中に、白い灯台が目に眩しい。

最南端へは、公園を出て東側にある道を更に進む。入り口で自転車を止め、歩いて行く。最南端には碑があり、その岩場の向こうは真っ青なバシー海峡、その先はフィリピンだ。ついに、最南端まで来たと言う思いが胸にこみ上げて来た。

最南端・鵝鑾鼻に行った後は、高雄までバスで帰る予定だが、バス停がどこにあるのか、何時にバスが来るのかなど、詳しいことが分からない。

戻って公園の入り口で、係員に「高雄へバスで行きたいのだが、バス停はどこですか?」と聞いてみる。

係員が、「向こうの正面にあるよ」と教えてくれたので、そっちへ歩き出すと、その会話を聞いていたカップルが後を追って来て、「ここから高雄へ行くバスはない。墾丁か恒春まで戻ればあるので、そこへ行った方が良い」と言って来た。

自分の情報では、確かに高雄からのバスの殆どが墾丁・恒春止まりだ。でも、88番と呼ばれるバスだけは、便数は少ないが鵝鑾鼻から出ているはずだ。

親切で言ってくれているので、「わかった、ありがとう」と答える。

「日本人?」、「そう、日本人。日本から来た」、「今日はどこから来たの?」、「今日は、高雄から自転車で走って来た」、「どれ位かかったの?」、「5時間位だ」などと話をして別れ、バス停を確かめにまた歩いて行く。

係員が言った通りに、バス停は直ぐに見つかった。バスが停まる停留所も表示されていて、やはり88番は鵝鑾鼻から出るようになっている。

ただ時刻表がない、何時に出るのかわからないので、近くのお店で聞くが誰も全く知らない。そうこうしていると、たまたま運良く88番のバスが来た。

運転手に、高雄に行くかと聞いてみると「高雄には行かない、左営には行く」と言う。

それでも十分だ、14時半発と言うことだが、輪行の準備ができてないので、間に合わない。

次の15時半のバスに乗ることにする。

輪行の準備を済ませ、汗でビショビショになった服を新しい服に着替えて、時間までアイスクリームを食べながら時間待ちをする。

そして、ついに15時半のバスが来た。

そのバスには、何と幸運にも「高雄行き」と表示されている、再確認のために運転手に聞いてみると「高雄に行く」と言う、おお～何とラッキー。

輪行袋の自転車をバス下にのトランクに収めて、バスに乗り込む。運賃は354元（約1200円）だ。

バスは、自分が今日、必死に走って来た道を加速しながら、ドンドン高雄へ走る。

途中から高速道路を走り、夕方の高速道路の渋滞を通過して、夕日の高雄駅前に到着し

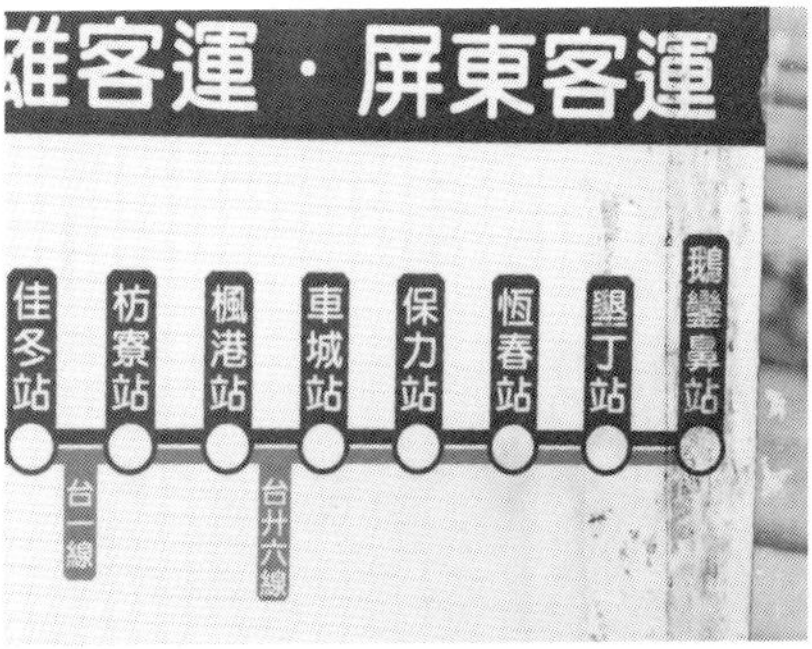

た。

夕日を浴びた高雄駅前から、自転車を組み立てて、ホテルまでの短い距離を走る。

今日の走行距離は、１２０ｋｍだ。

第５章

東部

花東海岸・縦谷公路
池上

5. 東部

台湾東部は、西部のように開発が進められてなく、多くの先住民族が暮らし、とても美しい景観と大自然、文化、歴史にあふれた地域だ。台湾に何度も通い続ける中で、自分にとっては最も心癒され、一番好きな地域となった。

東側の主要都市は花蓮、そして台東だ。

この2都市間の距離は約200kmで、台湾鉄道の他に、2つの台道で結ばれている。海沿いを走る花東海岸公路の11号線は、真っ青な大海原を見ながら、海水浴場や景勝地が次からに出て来る台湾で最も美しく雄大な地域だ。また、海岸山脈を隔てた西側となる内陸には、花東縦谷公路の9号線があり、美しく緑豊かな田園風景や温泉などが点在する、これまた素晴らしい地域だ。

日本には観光情報があまり伝わってなく、通い始めて初めて知ったことが多い。

と言うのも、新幹線や高速道路がなく、交通の便が悪いため、観光するには時間と労力がかかる地域だから、日本への観光情報量の発信が少ないのだ。

2016年、台湾のロングライドで最も美しいと思う花東海岸公路を走るために、福岡から台北・桃園国際空港へ行き、台北・松山空港へトランジットして、花蓮空港まで行く。桃園国際空港でトランジットのバスに乗ろうと大きなシーコンバッグを押して歩いていると、中年の男性が「どこまで行くの？」と話しかけて来た。

一緒になったバスの中で、「花蓮へ行って、そこから台東へ自転車で走る」、「自分も自転車に乗るんだ」、「台湾人？」、「台湾人だが、ニューヨークに住んでいて、今、里帰りで帰って来た。台東へは１１号線を行けば良いよ」、「風向きはどう？」、北西の風だと思うが、往復するので海岸公路と縦谷公路のどっちを行けば良い？」、「風は、大したことはない」などと、いろんな話が聞け、情報も沢山得ることができた。

花蓮空港へは小型のプロペラ機での移動だったが、大きなシーコンバッグは追加料金を課金されずに、何とか無事に到着できた。

花蓮空港は小さな空港で、空港内にはフードコート位しかない。

タクシー乗り場でタクシーを待つが、時々来るタクシーはどれもセダンばかりで、大きな輪行バッグがある自分は乗れない。後ろの客に次から次へとタクシーを譲っているうちに、ついにワゴンタイプが来た。

タクシーの後ろにバッグを積み込み、花蓮のホテルへ直行する。ホテルは、片桐さんと言う日本人が経営されている馨憶民宿と言うホテルだ。

この宿に決めたのは、日本ではなかなか入手できない現地情報をもらうこと、花蓮から台東までを往復する間、大きなシーコンバッグを預かってもらうためだ。

　台湾東側には戦時中に日本人がいた地域が沢山あり、花蓮もその一つだ。到着すると、直ぐに片桐さんが迎えてくれた。ロビーにも数人の日本人がいて、話が盛り上がっていた。夕食は、花蓮で有名な小籠包の店「公正包子」へ直行し、堪能する。

　１０個で５０元、１７０円位だ。台北の１／２、日本の１／４位の値段だろうか、安くて本当に美味しい。小籠包を食べた後は、広大な広場に露店が並んだ彩虹観光夜市に行っ

てブラブラと楽しむ。

○最も素晴らしい花東海岸公路

出発の朝、花蓮は小雨が降っていたが、いつもどこかで雨に会うので、雨を気にもせず、いつものように雨具を着て走り出す。９号線の途中で、１１号線の起点となっている地点から、いよいよ海岸公路・１１号線が始まった。

道路は、台湾の標準的なパターンである車道とバイク・自転車レーンの片側２車線で、交通量は極めて少ない。左に太平洋の大海原を見ながら、快適な道路を南へ向って快調にペダルを漕ぐ。２時間ほど進むと雨があがり、天気や景色が凄く良くなって来た。見晴らしの良い休憩所で雨具を脱いで小休止した後は、更に快適な走行が始まる。

小高い山間部のアップダウンを何度か繰り返しながら進むと、牛山に差し掛かる。下の海岸が観光地になっているようで、入口の呼込み男性が声をかけて来た。立ち止まって暫く話をするが先を急いでいるのでと言って、写真を撮ってもらい、再び走り出す。下の海岸からは、賑やかな音楽や楽しそうな声が聞こえて来て、リゾートスポットになっているのだ。

更に進むと、磯崎海岸に到着。海水浴場として有名な場所だ。東側に太平洋を見ながら延々と続く海岸線を更に南下して行く。途中で自分とは逆方向に走って行く環島チャリダー集団とすれ違う。彼らは、揃いのベストを付けた環島ツアーのチャリダー集団だ。

花東海岸公路の道路沿いには、コンビニが非常に少ない。大きな街が少なく、小さな集落が点在していて、西側とは全く違う環境だ。花東海岸公路を走る場合は、補給間隔が

長い場合があるので、２ボトルを準備した方が良い。

暫く走ると飲み水が少なくなって来たので、長濱の新社派出所に立ち寄る。台湾では、自転車で環島するようなチャリダーが多いため、台湾全土の派出所にはチャリダーのために給水器や空気入れなどが完備されているのだ。これは凄い！

早速、新社の派出所に入り、「スミマセン、水はありますか？」と聞くと、ふたつ返事で「あるよ、どうぞ」と言うお巡りさんの答え。本当に、ありがたい。

派出所で給水し、元気を取り戻して、また走り出す。豊濱の街中で１１号線沿いに「旅、歓迎」と言う看板がある。チャリダーを歓迎しているのだ、嬉しい。台湾ならでは看板だ。

花東海岸公路には、花蓮から台東までの路線バスも走っている。路線バスと言っても日本とは桁違いで、２００ｋｍ近くを走る。自分が必死にペダルを漕いでいる左側車線を轟音を立てながら勢いよく追い越して行く。

バス停も所々にあり、そこに表示されているバス停の数を数えてみると、何と１３１カ所と物凄い数だ。日本では、こんなに遠くまで走る路線バスはないのではなかろうか。

青い太平洋を左に見ながら、豊濱、石門、大港口を通過して、ちょうど中間地点になる静浦の北回帰線標誌に到

着。大変立派な記念碑が建っている。これまで走って来た北側は亜熱帯、ここから先は熱帯だ。

北緯２３度２６分、夏至の日にはこの真上に太陽が来る。

標誌の場所は道の駅のような休憩所になっていて、コンビニやドライブインが殆どなかった海岸線の道路で、初めて出て来た大きな休憩所だ。

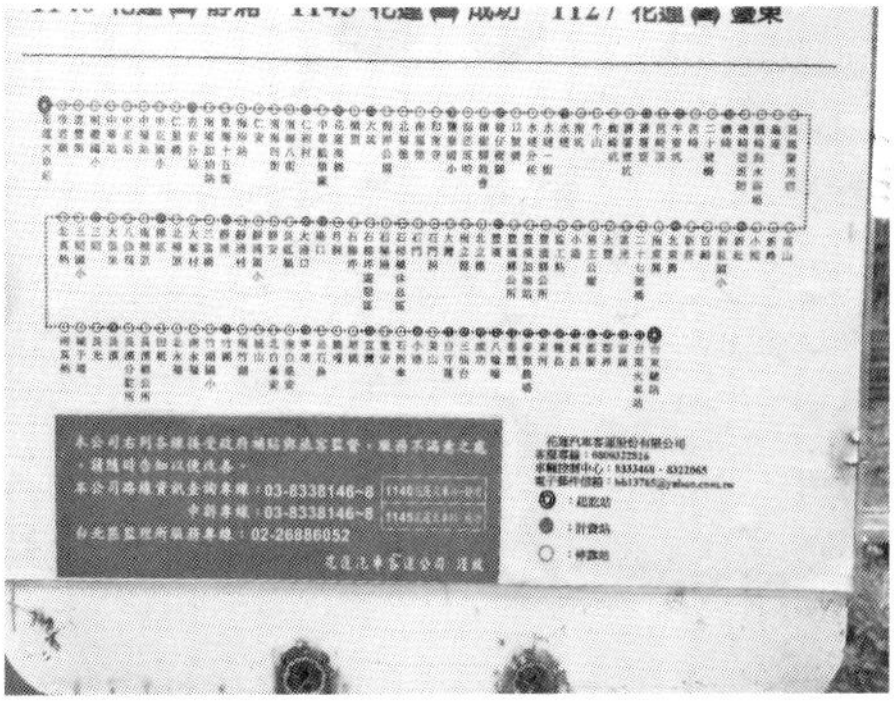

お店が沢山並び、大型バスや自動車で来た人達が大勢楽しんでいる。週末には、アミ族の踊りなどを見ることができる。パイナップルやバナナなど、いろいろな果物が沢山売られていて、一気に熱帯になった感じだ。

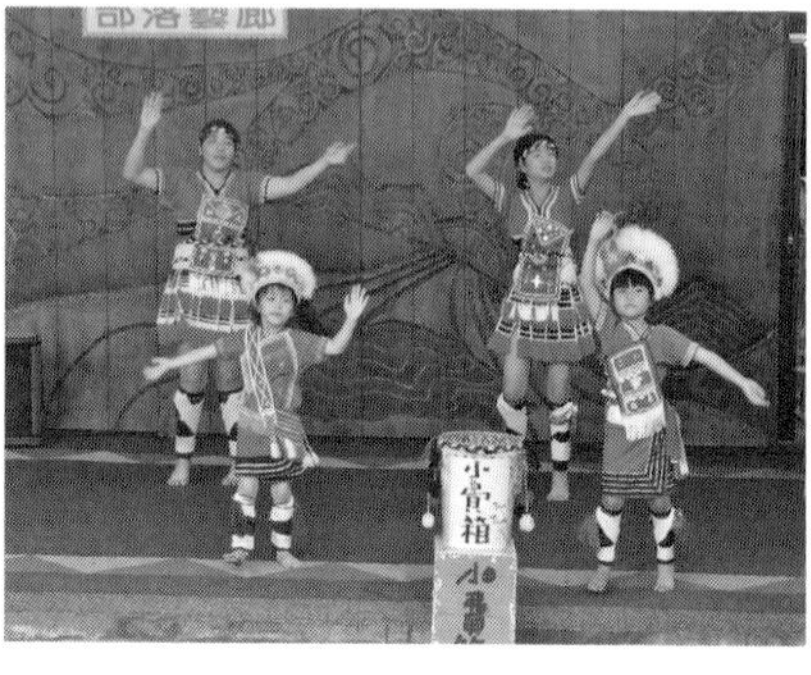

・三仙台

長濱を過ぎ成功に入ると、三仙台に到着。

駐車場の立木に自転車を停めて、大きな玉砂利の浜を歩いて行くと、八供橋と言う八重の太鼓橋があり、その先の小島まで繋がっている。三人の仙人に由来する名前だが、周りの岩礁と大海原、緑に覆われた小島が何とも幻想的な景観だ。ネットでは見て来たが、実際に来てみると、海は澄み渡り、太平洋の大海原に突き出ている絶景ポイントだ。

次に、東河郷へ入り、上り坂を上がって行くと、お店が並ぶ頂上付近に、行列ができて

いる東河包子と言う肉まん店を見つけて、自分も並ぶ。バスから降りてきた人たちは、袋一杯に肉まんを買っている。
一番人気を２つ買って食べる、肉がタップリ入った立派な肉まんで、とても美味しい。そんな横を環島チャリダー２人組が、北に向かって走って行くのを見送る。
更に南へ進むと、「水往上流」と言う観光スポットがあり、大勢の観光客に交じって観光してみる。名前の通り、山の斜面に水路があり、その水が斜面の上へ逆に流れて行くように、目の錯覚で見えるのだ。山の斜面に対して、水路の傾斜角度を上手くとったものだと感心する。

台東市の市街地が近づくと、海岸沿いに広くて立派な公園がいくつも出て来た。そしてついに、台東市内に到着。

曙之浜と言う公園で、海に向かう遊歩道の手摺りに身を寄せ、大海原を眺めながら花東海岸公路の長い道のりを感慨深く振り返る。

紺碧の大海原と空、砂浜、奇岩などが続き、道路は広いバイク・自転車レーン、交通量も少ない、北西の偏西風にも助けられた。本当に、素晴らしく、花東海岸公路は理想的なロングライドだった。

台湾のロングライドで、この花東海岸公路は格別の場所だと感じる。

コンビニや宿が少なく補給などに注意が必要だが、素晴らしい自然と快適な道路はチャリダーにとって最高の道だと痛感する。

◯花東縦谷国家風景区

今日からは、台東から花東縦谷公路を走って、花蓮まで戻る。

花東縦谷公路は、台湾東海岸に沿って聳え立つ海岸山脈と、台湾中央の最高峰玉山などからなる中央山脈との間に開けた谷間の田園地帯だ。

お店が少ない海岸公路とは全く違い、台湾鉄道沿いの９号線を走るので町も多く、何かトラブルがあっても輪行できる。温泉も多く、宿泊場所にも困らない。

台東から走り始めて直ぐに、９号線から外れて山間にある初鹿農場までの峠道を上る。峠には沢山の案内看板が並び、いろいろな観光施設があることがうかがえる。峠を下り、真っ直ぐに伸びた９号線を延々と北へ走る。途中で、環島中の台湾チャリダー二人組を追い抜き、最初の目的地である池上郷に入る。

・美しい田園地域・池上郷

池上郷は、台湾で一番美味しい米が取れることで有名な地域だ。

広大な田園地帯の中に、自転車道や金城武樹などがあり、ここに来る前から大変楽しみにしていた場所だ。

広大な緑の田んぼが遠くまで続き、水車や水路が張り巡らされた田園地帯で、電柱などは全くない。中央付近まで行くと、田んぼの中に多くの人が集まっている大きな木があった、金城武樹だ。

エバー航空のテレビコマーシャルで、金城武が緑豊かな田園地帯を自転車で風を切って走り、樹の下に腰を下ろして、ゆっくりとお茶を飲むシーンに出て来る樹だ。日本や台湾でも放送され、台湾では、その木を金城武樹と呼ぶようになった有名な樹である。

確かに、緑の田園地帯と青

空の素晴らしい景観の中にひと際目立つ、存在感抜群の樹だ。場所を見つけられるか心配していたが、近くまで行けば直ぐに分かった。

池上の田園地帯にある自転車道は、東西にそびえる山脈まで一直線に伸びる凄く美しい「伯朗大道」と言う自転車道だ。

台湾の地元では「天国之道」と呼ばれる大変に美しい道で、日本ではこんな美しい自転車道はない。また、この一帯には全長17km程の池上大坡池自転車道が整備され、伯朗大道もその一部で、観光客が思い思いに楽しんでいる。

池上郷には、もう一つ大変有名なものがある。

台湾で一番美味しいとされる池上米を使った池上弁当だ。

駅前には、池上弁当博物館やお弁当屋が並び、ここに来ると皆が食べる名物として大変な人気だ。鳥モモ肉と玉子が乗ったご飯に、スープのセットだ。確かに美味しい、沢山の人が食べに立ち寄るのも納得できる。自分も、地元サイクリングクラブの面々と肩を並べて、池上弁当を食べることになった。

・花東縦谷公路

池上弁当の後は、また9号線を北上する。9号線を走っていて、横に玉富自転車道があることに気付き、これを走る。廃線となった鉄道跡を自転車道にしたもので、10km程の長さだ。自転車道の横には、パパイヤやバナナが生っているが、取るのは辞めようと思い留まりながらペダルを漕ぎ続ける。

遠くに見える海岸山脈の稜線を雲が乗り越えて行く、凄く雄大な景色だ。鉄橋だった大きな玉里大橋を渡り、玉里駅前からまた9号線に戻る。

この縦谷公路にも、海岸公路にあったような北回帰線の標誌がある。この指標を越え、更に北上する。暫くすると宿泊予定の瑞穂温泉へ行くため、9号線の交差点を左折すると

登り道となった。そして、温泉宿への最後の登りは、２０％近くの傾斜があり、雨上がりで滑り易くなっていたため、自転車を降りて押しながら到着した。

瑞穂温泉は、戦時中に日本が開発した温泉で、当時の写真が壁にあり、大変興味深く見入る。旅館の人達も親切だ。

温泉内は、プールのような広い浴場や家族湯が並ぶ。ただここでは、水着を着て入らなければいけない。

台湾の温泉は、水着着用と裸との２種類があり、温泉巡りやスパを楽しむなら水着は必須だ。自分は水着を携行しないが、自転車旅ではいつも汗で濡れたサイクルパンツがそのまま水着となる。温泉に入らなくても、夜には洗濯しないといけないのでちょうど都合が良い。

高台にある瑞穂温泉は見晴らしが良く、日本の湯治宿の感じがして歴史を感じる。

洗面所でウエアを洗っていると、若い女性従業員が野菜を洗いに来た。

「どこから来たの？」と聞くと、「フィリピンから働きに来ている」と言う。しばらく彼女と雑談し、洗濯物を納屋に干しに行く。

途中で、日本のご老人に出会って話をする。そのご老人はここ１カ月程、台湾各地をブラブラ旅行しているとのことだ。自分も自由な時間がとれるようになったら、そんな日々を過ごしたい、羨ましい限りだ。

瑞穂温泉での朝食は、立派な台湾料理が沢山並ぶバイキングだった。

高台の見晴らしが良いテラスで、テーブルや座るベンチは大きな無垢の木でできていて素晴らしい、日本では到底お目にかかることができない立派な物だ。宿泊客はいろんな国の方がおられ、国際色豊かだ。食事も美味しい物ばかり、かなり食べ過ぎたかも知れない。

朝食をいただき、瑞穂温泉を出発して暫く走ると、光復にある花蓮糖厰に到着。

日本統治時代には、台湾各地にサトウキビから砂糖を精製する工場ができた。しかし今

はもう製糖してない工場が殆どで、ここもそのまま観光施設となっている。

敷地内に戦時中に建てられ、現在はそっくりに復元された木造の日本家屋もある。中庭には中国式の池や土産物屋、食事処などがあり、美味しそうなソフトクリーム屋があったので、マンゴーのソフトクリームを食べる。

再び９号線を走りはじめ、暫く行くともう花蓮市街は直ぐそこだ。

市街地に入る手前の中央山脈側に、鯉魚潭と言う大きな湖があり、その周りに５ｋｍ程の自転車道があるので行ってみる。

湖畔や林の中に自転車道が続く、なかなかいい感じだ。花蓮市内からのツーリングには、ちょうど良い距離と場所だ。道端に、日本ではお目にかからない毒蛇や毒蜂の標識を見つける。

観光地化されていて大勢の観光客がいるが、木道や立派な展望台もあり、花蓮市内に戻るには時間がタップリあるので、展望台のベンチでぼんやりと昼寝に浸る。昼寝の後は、一気に坂を

下って花蓮市内へ向かう。

自転車は５００ｋｍ程を走り、雨にもあったので、泥まみれになっている。このまま、シーコンバッグに入れるにはちょっと厳しい。

そうだ、自転車屋で洗わせてもらうことにしようと思い、ＧＡＩＮＴショップを探すと、

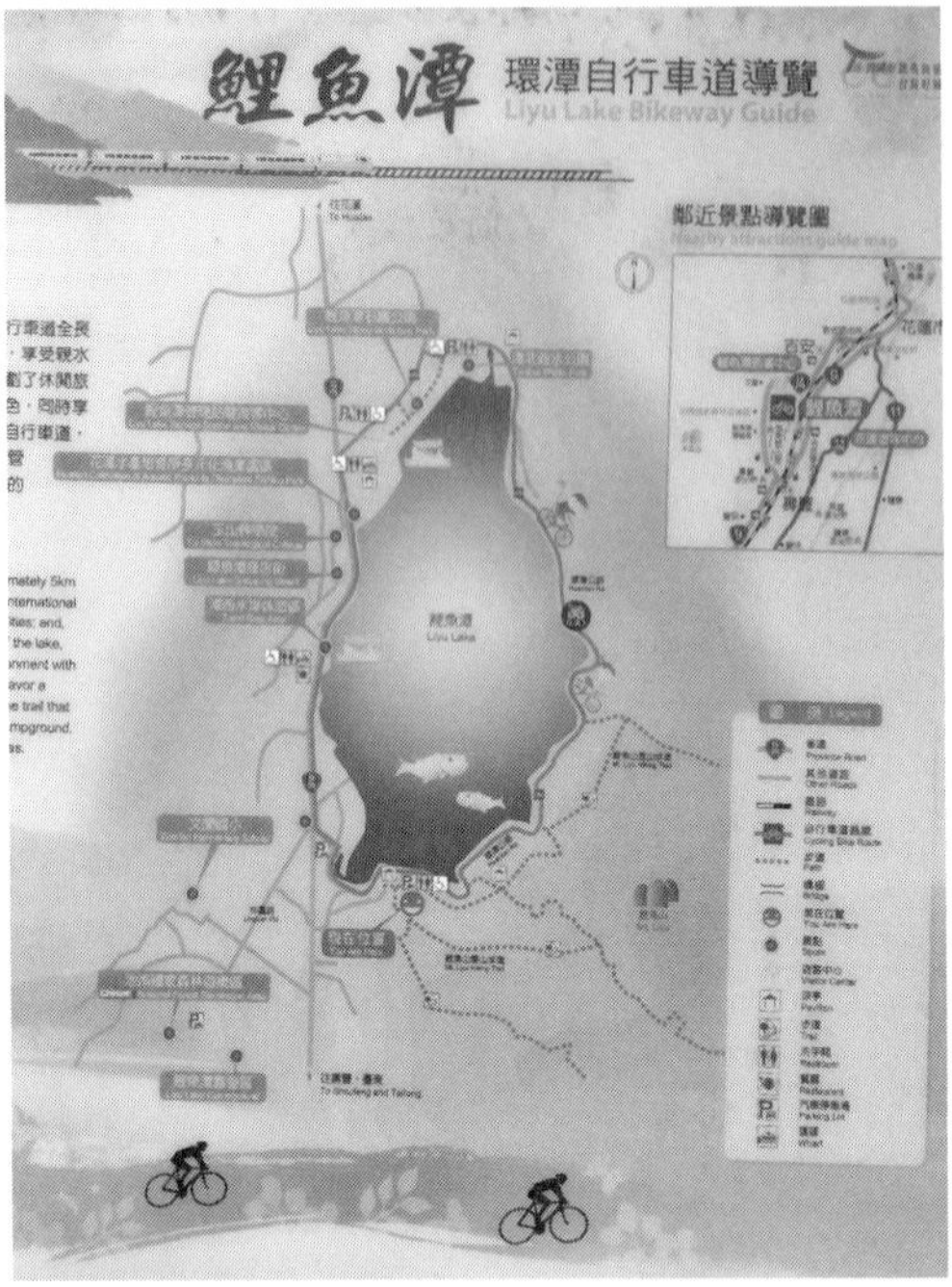

帰り道沿いにあることが分かり、早速そこへ直行する。

大きなショップだ。中に入り「日本から来て、台東まで走って来た。できたら、自転車を洗わせせもらえないでしょうか？」と言うと、「ＯＫ、ＯＫ」と言う答え。早速、ショップの裏へ自転車を回すと、バケツに洗剤を入れ、ホースのシャワーやスポンジ、ブラシなどを準備してくれた。サービス満点。感謝感謝。

あっという間に自転車はピカピカとなり、これで完璧だ。

洗車のお礼にと、店内を物色していると、良さそうなグローブを見つけて買う。

翌日、ホテルにワゴンタイプのタクシーを呼んでもらい、花蓮空港まで自転車バッグも一緒に運んでもらう。運転手は女性で、後ろのシートを一番前までスライドさせて、大きなシーコンバッグを後ろから詰め込み、日本のタクシーと同じように後部座席に座ろうとすると、そこじゃなくて助手席に座れと言う。そう言われれば仕方ないので、言う通り助手席に座る。

「日本人？」、「そう」、「どこまで行ったの？」、「台東まで海岸と縦谷を往復した」、「次は環島だね、環島は1週間から2週間位かかるよ」、「今度、来た時は、一緒に走りたいね」、「自分も、そうしたい」などと適当な会話をしているうちに空港に着き、航空機カウンターへチェックイン。

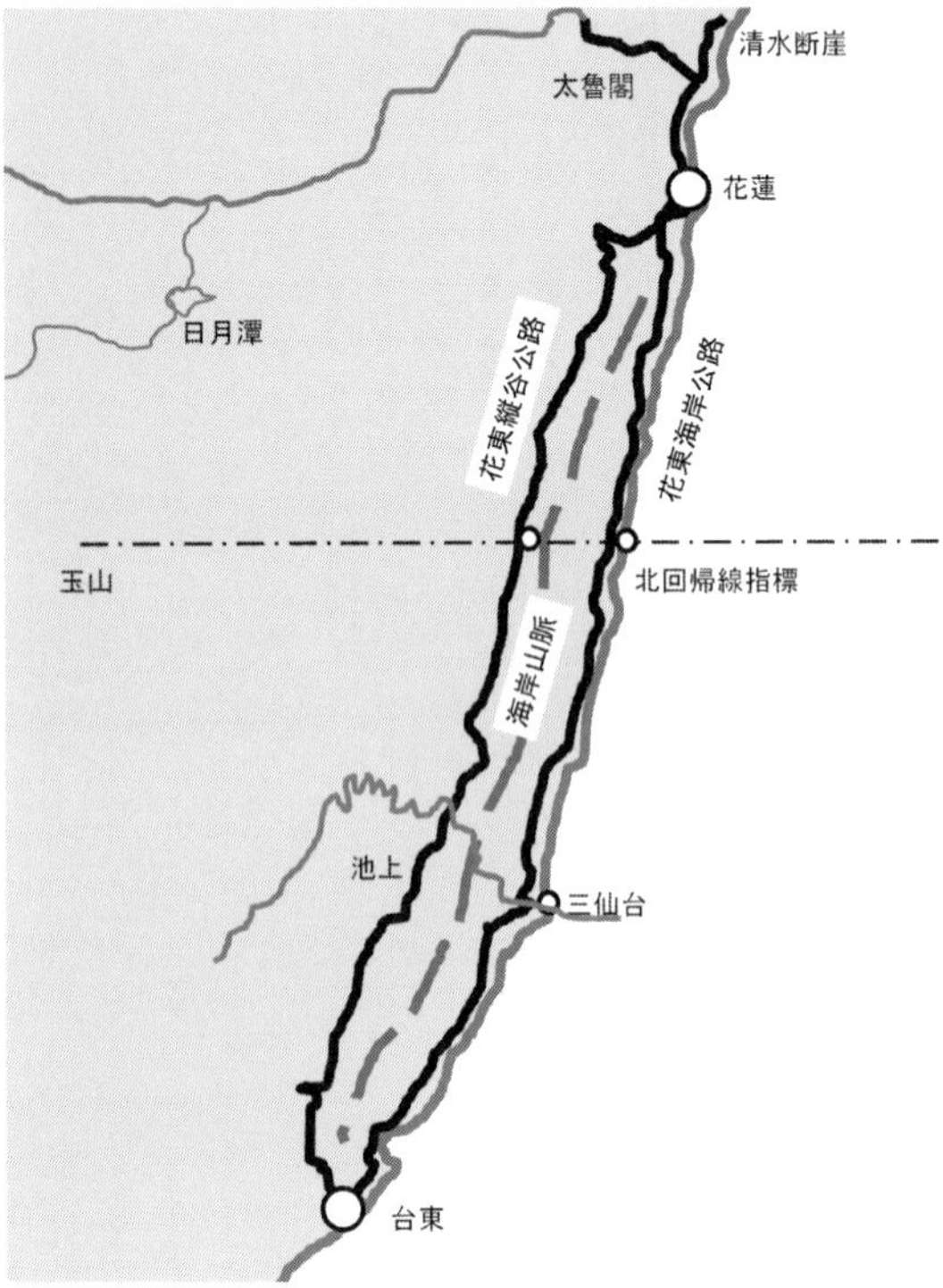

今回の花東海岸公路と縦谷公路の往復５００ｋｍの自転車旅は、行きと帰りが全く異なる景色で、どちらもとても素晴らしいロングライドができた。大変、楽しい自転車旅だった。次回、ここを走る時は、きっと環島の時だろうと思いながら福岡への帰途についた。

○大理石でできた断崖絶壁の渓谷

・太魯閣渓谷

花蓮市内から9号線を北上し、懐恩橋を過ぎて山側の道を進むと、近くには先住民族の人達の部落が所々に見える。太魯閣への入り口には、東西横貫公路入口と書かれた立派な門がある。ここから、太魯閣渓谷を登り、東アジア最高地点の武嶺（標高３２７５ｍ）を通過して、台湾西側の台中へ繋がる横断道路だ。

その道は厳しい。自分は、台中から武嶺を超えたことがあるが、自転車で行くには大変長く険しく、相当な準備と覚悟がないと無理な道だ。

太魯閣渓谷は、大理石の大岩壁と深い峡谷が天祥まで２０ｋｍ程続く渓谷だ。毎年この道で、ＫＯＭ（キング　オブ　マウンテン）と言うヒルクライムレースが開催されるので、かなり気合が入ったヒルクライマーには有名な場所だ。

太魯閣渓谷は台湾を代表的な地形と言っても良い。世界で最も隆起が激しい台湾では、海底でできた固い大理石が長い年月をかけて隆起し、その後、川の浸食によって標高差1000mもの深い渓谷ができた、これが太魯閣渓谷だ。

道路はその渓谷沿いの岸壁をくり抜き、トンネルが連続するため、自転車は明るいライトやフラッシュなどの光物は必須だ。岩の崩落なども多く、落石による事故も多い。そのため、工事が頻繁に行われていて、車両の通行制限で足止めされることもしばしばある。自転車で登る道も厳しく、常時、トンネル内の通行や岩の崩落などに気を付ける必要がある。しかし、花蓮まで行ったなら、是非チャリダーであれば走ってみたい道だ。

◯清水断崖

花蓮の北にある蘇澳へ続く海岸線は「蘇花公路」と呼ばれ、標高１０００ｍ以上もの山が海へと急激に落ち込む、物凄い断崖絶壁が続く地域だ。その代表な景勝地が、花蓮側にある清水断崖だ。

自転車での環島（台湾一周）では、ここを走り抜けたいと思うところだが、３０ｋｍ程の間に岸壁をくり抜いたトンネルが幾つもあり、交通事故や岩の崩落が多く、極めて危険な場所だ。ネットでは、自転車で走り抜けた武勇伝の動画が沢山紹介されているが、台湾サイクリングガイドなどでは走行不可となっている。

自分は環島の時のために、この場所を自分が走行できるかこの目で確かめるため、途中まで試走してみた。そして出した結論は、「止めた方が良い」と言うことだ。

大理石の岩盤をくり抜いたトンネルは道幅が狭く、路側帯の直ぐ横は岩盤が迫り、車が来た時に自転車が逃げるスペースがない。バスやトラックの通行量も多く、自転車を追い越せず、後ろから、クラクションを鳴らされることも非常に多い。今までに走った道路の中で一番危険な道、自転車での走行は止めた方が良い道だ。

環島の際、自転車では走れないが、台湾鉄道を使えば、自転車をそのまま乗せて移動することが

できる。蘇花公路を移動するには、この鉄道か自動車に乗せて運ぶかしかないことが良くわかった。

清水断崖を確認して、９号線を花蓮市内へ戻る。帰り道の海岸には、小砂利の七星潭があり、芝生やモニュメントが並び、自転車道も整備されている立派な公園で、多くの家族連れが楽しんでいる。

○花蓮・松園別館

市街地に入り、松園別館に立ち寄り、入口にあった松の大木に自転車を停めた。花蓮港を見下ろす小高い住宅街の丘の上に、今では立派な琉球松に囲まれたカフェとして人気の場所となっているが、かつての旧日本軍の指令所だ。

戦争末期に花蓮空港から沢山の特攻隊員がゼロ戦で飛び立って行った。飛び立つ前日に、特攻隊員はこの松園別館で天皇陛下からの御前酒をいただき、そして意を決っして特攻に向かった場所だ。

そんなことを思いながら、立派な庭園内を散策していると、自分にはカフェで楽しい時を過ごすような気分にはとてもなれなかった。

第6章
北東部
東北角・北海岸

6. 北東部

○東北角・宜蘭海岸国家風景区

宜蘭の近く、礁渓温泉から北へ向かて、9号線を朝走り出す。

礁渓温泉は、北東部で有名な温泉地で、温泉宿が大変多く、街中には足湯などが整備された公園まである。

昨日から喉の調子が悪い。熱はないが喉の痛みや痰、咳が出る。ホテルのブンブン空調が強烈で調節ができなかったのが原因だ。自覚はあったが、これ以上酷くならないように薬局で薬を買うことにする。ネットでは朝8時から営業と出ているが、どこも開店してない、諦めて先を急ぐと、途中で薬局を見つけた。

「のどが痛い、咳や痰がでる、薬を買いたい」と言うと何とか通じた。日本のような薬局ではなく、症状に応じて必要な錠剤やカプセルを袋詰めする調剤薬局だ。料金は280元(900円位)で、日本より少し安い。直ぐに飲んで、走り出すと暫くして効いてきた、これで快調に走れる。

海岸沿いを走る台道2号線に入り、快適な走行が続くが、台湾の北東部は北風が良く吹く。自転車には向かい風と追い風で、風の力がプラスやマイナスの効果として随分と違ってくるが、今日の北風はそれ程強くはない。

北風のため、岩場が続く海岸は結構な波しぶきが立つ。また、岩場が多いため、多くの釣り人が岩場で釣り糸を垂れている。立派な魚が釣れるのだろう。

2号線は、環島のための環島1号線になっていて、自転車レーンなどがしっかりと整備されている。途中で自転車三人組に追いついた。信号待ちの時に話しかけると、環島をしていると言う、自分にも「環島か？」と聞いてきたので、「自分は違う。台中から武嶺を超

えて来た、東北海岸を走って台北までだ」と言うと、武嶺超えに驚いた様子。「高雄や花蓮などの東海岸も走ったことがあるよ」と言うと感心した感じだ。

暫く一緒に走ったが、「貴方は速いね」と言って来た。彼らはマウンテンバイクやクロスバイクで、荷物を前後に沢山付けているので速度が２０ｋｍ／ｈ前後と遅い。自分は軽量ロードバイクなので、１．５倍位では走っている。お互いに「加油！（頑張れ！）」と言って別れ、先へ行くことにした。

体調や天気も上々、海岸の絶景が続く2号線を快調に飛ばし、時間にも余裕が出て来たので、観光名所を少し回ろうと思い始め、途中にある台湾最東端の三貂角灯塔やテレサ・テンのお墓、奇岩群の野柳公園、そして日本人観光客に大人気の九份など、いろいろと回ってみようと思い始めた。

ただ、そのスポットはどれも山側にあるため、2号線がある海岸道路から、その都度、山側へ駆け上がる、これがみな平均１０％以上の激坂だ。

・最東端・三貂角灯塔

礁渓温泉から海岸沿いに３５ｋｍ程で、台湾最東端の三貂

角に到着する。ここには、灯台があり大変見晴らしが良い場所だ。だが、ここも激坂の登りだ。

必死の思いで登ると、そこには芝生の中の灯台とモニュメントなどが作られた立派な公園になっていた。真っ白な灯台の横には、台湾国旗が掲げられ、レーダー施設もあって軍事上の重要な施設でもあることが伺える。高台から見える太平洋は、真っ青な海が続き、素晴らしい眺めだ。

○九份

最東端の三貂角を回り込み、2号線を走ると、先住民族の部落など出て来る。大海原を見ながら広く快適な2号線を暫く走り、九份へ繋がる金水公路へ左折する。九份へは東側の2号線からアプローチしているので、通常の観光客が登って行く西側の斜面とは逆の裏側からだ。2号線を左折し、激坂の登りが始まる。先ずは、黄金瀑布だ。

瀑布の手前で、車中のおばさんが「加油！」と大声で激励している。にこやかに会釈を返すが、心の中は必死だ。黄金瀑布は、苔むす大岩を伝って、山からの水が沢山の滝となって落ちている。緑豊かな森と白く流れる大きな瀑布、岩盤は昔の鉱山廃液で随分と赤くなっている。何処にもない色合いで、とても美しい。

ここからまた九份に向けて激坂を登り始める。途中には、黄金博物館など観光スポット

が目白押しだ。急斜面に住宅やホテルが続き、その間の上り坂を登って、ようやく標高３００ｍ程の峠に出た。後ろを振り返ると遠くに海が見え、かなり登って来たんだと言う思いが心に過ぎる。

峠から下り始めて直ぐに、九份の街が出て来た。自転車を邪魔にならない場所の電柱に停め、観光路地に入ってみるが、凄い人出だ。

日本でも台湾観光の代名詞となっている九份なので、日本語も聞こえて来るが、他の国からの観光客も大勢いる。久しぶりの観光を一通り済ませ、再び自転車で西側の坂道を下り始める。道路は登りも下りも大渋滞だ。こんな時は自転車が良い、大渋滞の横をすり抜け、軽快に下って行く。次の目的地は、１５ｋｍ位先の基隆港だ。

○基隆港

夕方、基隆港に到着。台湾で最も古い貿易港で、新鮮な海産物が有名だ。古い建物や道路が延々と続く、宿は港の一番奥にある古い街の中で、そこまで沢山の自動車に交じって市街地を暫く走る。

宿の部屋はとても狭く、「服を洗濯して干したいが、洗濯機や乾燥機はあるか？」と聞くと、「ない」と言う。どうしようか考えていると、「洗ったら、自分が干場に干しておくよ。

その間に、夜市に行けば良い」と言われ、これに甘えることにする。

基隆の夜市は廟口夜市と言い、他の夜市と少し違っているところがある。歴史が古いからなのか、露店が整然と並び、その看板に番号と店名、名物料理名が中国語と英語、日本語で表記され、地図もそのようになっている。全てが非常に整然としていて、分かり易い。

基隆では、美味しい海産物を食べようと思って走って来たので、大好きな蟹がないかと探すと、あった！。値段を聞くと、1杯1000元（3300円超）と言う、高い。他を探すと、蟹を美味しそうに食べている人達がいた。

店の人に、「あれと同じものを1つ食べたいが、いくらか?」と聞くと、「半身で200元（650円位）」と言うので、迷わず注文。美味しい、ああ~幸せ。

野菜も食べなきゃと思っていると、鉄板でクレープのような生地に野菜を焼き、丸め

て食べるものを売っている店を見つけた。これを40元で注文したが、食べるテーブルが空いてない、ビールも飲みたい。台湾の屋台では、殆どお酒を準備してない。そこで近くのコンビニでビールを買って、コンビニ前のベンチに座り、地元のオジサン達と肩を並べて、頬張り・ビールを飲み干して良い気分になる。

翌朝、快晴の基隆港からまた走り出した。

港には大きなクルーズ船が寄港している。福岡もそうだが、大陸からの観光客が大挙して来ているのだろう。テレビでは政権が変わり、大陸からの観光客が激減していると言うニュースが毎日流れているが、ここはそうでもなさそうだ。

○野柳地質公園

早朝の喧騒した街中をスクーターや自動車に交じって走

り抜け、２号線を北へ走る。途中から海岸沿いに出ると、広く青い海原と道路が延々と続く。幾つかのアップダウンに若干の追い風、風車沿いの２％の下り坂で、足の力を完全に抜いて、クルクル・クルクル回すことだけに集中、スピードを見ると５０ｋｍ／ｈオーバーだ、快走だ！・気持ちが良い。

　基隆から２０ｋｍほど走ると、野柳地質公園に到着。入口を探していると、一人のチャリダーと出会うが彼も入り口が分らず道を迷っている。スマホで場所を確認し、もう少し奥だと分かり彼と入口に向けて走る。

　ここは地質公園と言う名前の通り、非常に珍しい奇岩が並ぶ場所で、日本には同じような場所はない。台湾の北海岸には、同様の地質の場所がいくつかあるが、野柳地質公園は最大規模で、しかもクイーンズヘッドと呼ばれる最も有名な奇岩がある。

　台湾は、ユーラシアプレートとフィリピンプレートがぶつかることで隆起し続けている。隆起速度が早いため、硬くならずに地表に隆起した岩盤が北海岸の波に洗われ、特に軟らかい部分が浸食されて、きのこ状の奇岩となったものである。

公園の入り口で入場料を支払い、クイーンズヘッドへ行ってみる。正に女王の頭の形で、非常に警備されていて、写真撮影も行列に並んでの順番待ちだ。公園には、非常に沢山の奇岩が並び、物凄く多くの観光客で一杯だ、一大観光スポットとなっている。

○鄧麗君（テレサ・テン）のお墓

美しい海岸の2号線を更に走り、中角まで走るといよいよ目指してきたテレサ・テンのお墓へのアプローチが始まる。2号線から最短の道を選んだため、そこには18％の激坂が続く長い道が待ち構えていた。武嶺へは足を付かずに登ったが、ここは登れなかった。歩きながらハンドルを下から手で支え、18％の坂道は結構傾斜があるなと痛感しながら自転車を押し上げて行く。

お墓は、太平洋を遠く望む山の頂にあり、金宝山景観墓園と言う凄く大きな霊園の西端に「鄧麗君（テレサ・テン）紀念公園」として整備されている。

常時、彼女の曲が流され、金色の銅像やピアノのモニュメント、花壇などがきれいに整備されていて、その係員や沢山の墓参者がおられた。今でも彼女を慕う人達が大勢参拝されていて、その偉大さに心打たれる。いつまでも、そこに居たい気持ちだったが、しっかりとお参りをして、そんな気持ちを振り切って、自転車は壮大な墓園の中を東へ走り、海岸線に向かって激坂を下って行く。

2号線に出ると、再び北へ向って走る。

車道を走る自動車は道路が良いため、猛スピードで駆け抜けて行く。後ろから来るそんな自動車に十分に気を付けながら、海岸沿いの快適な道を快走して行く。

北海岸は風が強いことから、台湾西側と同じように風力発電の風車が沢山設置されている。その下の道をどんどん走って行くと石門に入った。ここには、基隆のホテルで勧められたちまき屋さんがあると言うので、早速寄ってみる。

その劉家十八王公肉粽は、味付けご飯と肉や卵、魚などの具が入ったちまきが何種類も売られている。一番人気を買って食べると、モチモ

チして味が濃く、なかなか美味しい。１ケ３０～４０元（１００円位）なので日本とほぼ同じ値段だ。

ここ石門は台湾の最北地で、隣にあったセブンで飲み物なども買って、お店の前のテーブルで十分に補給をした後、淡水を目指して走り始める。あと２５km位、台北の北にそびえる陽明山を海岸線に回って走ると、淡水に到着だ。

○淡水

最北端からアップダウンがある2号線を快適に走行して、夕方に淡水へ到着した。淡水河両岸の見慣れた景色が久し振りに目に入って来たが、以前と比べてマンションが随分と多くなっている。

台北からのMRTが便利になり、通勤も十分な距離だから、マンションラッシュになっているのか、道路も整備が進み、以前とは比べ物にならない位に走り易い。

カップルに人気の夕日を浴びる情人橋や船着き場がある漁人碼頭、紅毛城、そして淡水河沿いに延々と並ぶお店や公園、どれも風情があって、時間さえあればいつまでも散策したい場所だ。

そんな街並みをゆっくりと

自転車ですり抜け、最終目的地の台北市街地へ走る。

　淡水から台北までは２５ｋｍ位なので、約1時間で着くだろう。

　広く何車線もある2号線の最右端にあるバイク・自転車レーンを台北目指してブンブン飛ばして走って、夕暮れの台北に到着した。

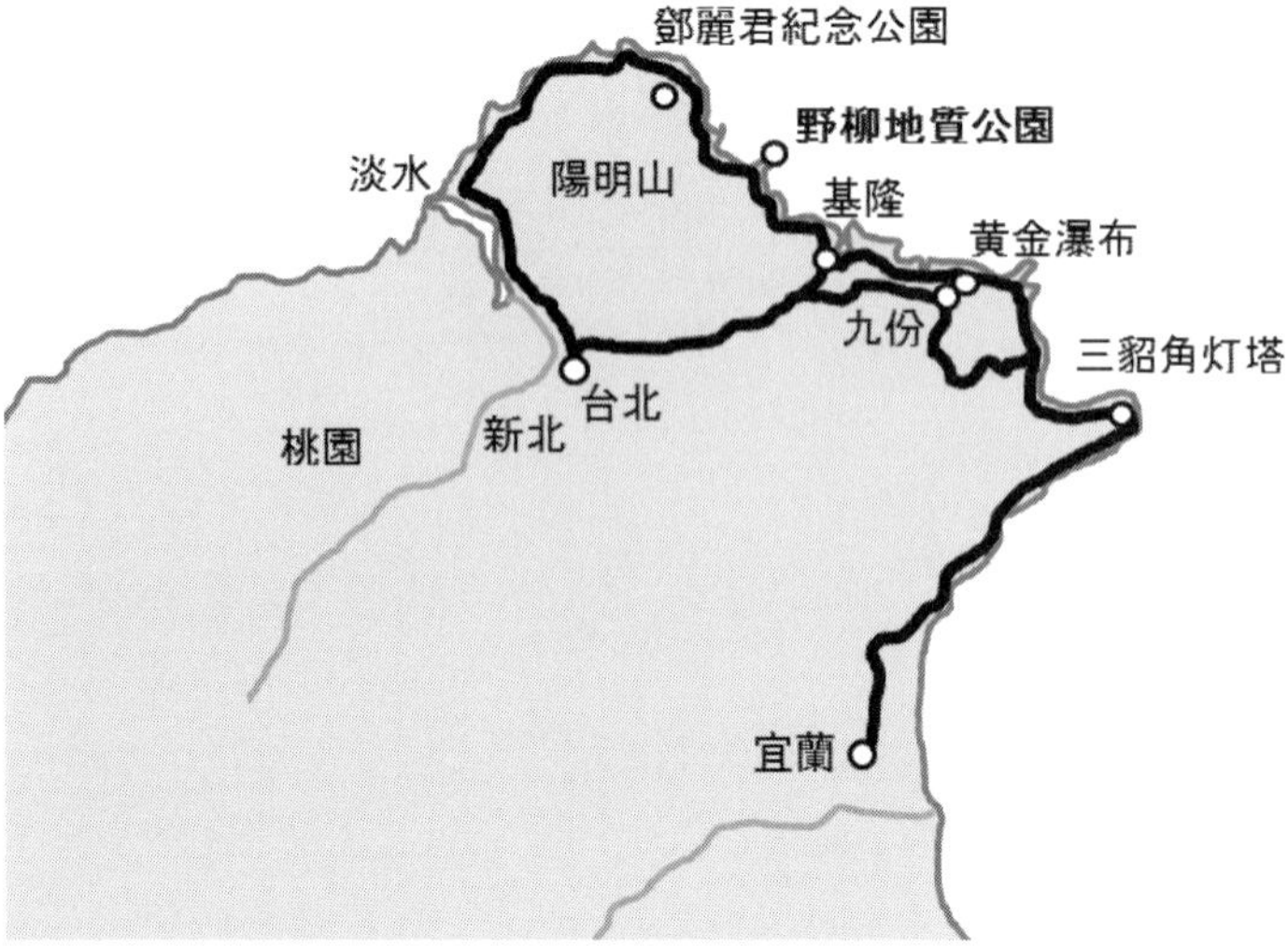

環島1號線

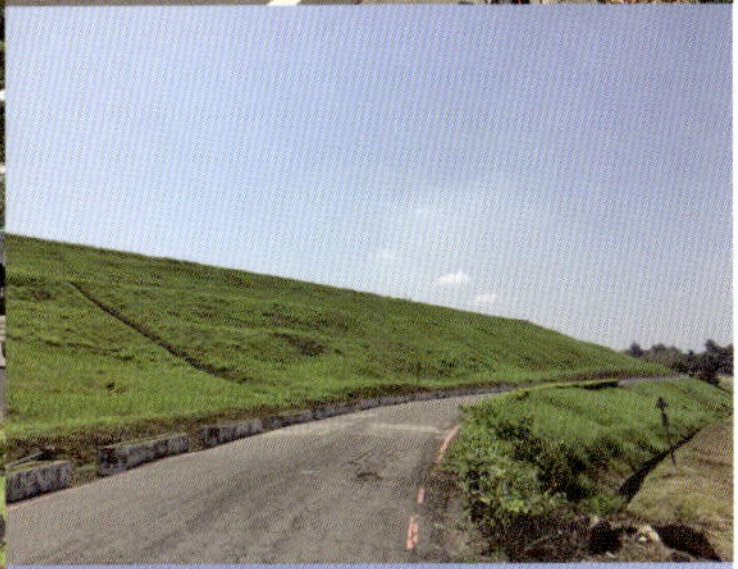

八田技師紀念室
永遠的技師
八田與一

台南

臺南孔子廟

7
ELEVEn
ATM

公正包子店
小籠包
蒸餃
湯餃
冰豆漿
公正包子

歡迎蒞臨
遨遊

北極圏
Arctic circle
北迴歸線
Tropic of cancer
赤道

EE YOU
EVA AIR

伯朗大道

黄金山城
九份
FEN

第７章
台湾と日本
古くて近く、親しい隣国

7. 台湾と日本

台湾には以前、仕事で何度も来たことがあった。その時は仕事をこなすことで精一杯で、台湾は親日的で親切な国、食べ物が美味しくて観光スポットも色々な所があると言うくらいの認識しかなかった。

しかし、プライベートで毎年通い、自転車で各地を走り始めて初めて、台湾の中には、日本との古い関わりや歴史や文化、教育。台湾の発展のために心血を注いで貢献した日本人が沢山いたこと。戦時中の不幸な歴史もあるが、相互に献身的な振る舞いが沢山あり、今の親日感情や信頼関係があることに気づいた。

そのようなことは、日本の教育では全く教わらなかったことばかりだ。

自転車で台湾各地を走れば走るほど、そして、調べれば調べるほど、教われば教わるほどに、その内容は深く深淵であることが分って来た。

自転車旅で各地を走る中で、自分の心の中に、日本人として知っておかなければいけない事実、歴史だと言う強い思いが込み上げて来た。観光で楽しく回るとしても、そのような歴史や事実を知らずに観光するのと、知って観光するのでは全くその価値や意義が違ってくると痛切に感じるようになった。

この本は、台湾の自転車旅行や観光を主題とした本だが、自転車で走れば走るほどそんな思いが強くなり、主題とは少し異なる歴史的な内容も含んでいる。

台湾を旅行する日本人ならば、知っておかなければいけない、知っておいた方が良い内容だと言うことを伝えたくて、敢えて記述することにした。

○台湾の主な歴史と日本

１６世紀以前の台湾は、国と言う形態のない先住民族が住む未開の島であった。１６世紀になって、ポルトガル船が台湾を見つけて、認知されるようになる。

１７世紀に入り、大陸から漢民族が移住を始め、日本やオランダ、スペインが入植し、入って来た各国や台湾の人々、中国大陸の清の覇権争いが続く。

１８９４年、日清戦争が起こるが、翌年日本が清に勝利することで戦争は終結し、結ばれた下関条約の中で台湾は日本へ譲渡される。

このことにより、１８９５年から１９４５年までの５０年間、日本は台湾を統治することになる。日本にとって、台湾は日本初の植民地となったのである。

・日本統治時代の50年

日本統治の初期、現地の人達は日本人を受け入れず、様々な抗争事件が発生し、各地を巡るとその記念碑に数多く出会う。

しかし、日本の統治は、他の国々が台湾を単なる植民地として扱ったのに対し、全く異なるものだった。

開拓が進んでなかったため、米や農作物の収量は低く、灌漑や水利が整備されてなく、水害や疫病などが多発し、人々は衛生面や治安面でも非常に苦しんでいた。

そのような状況を改善し、近代的なインフラ整備や産業開発を行い、台湾の近代化を進めたのが日本なのだ。台湾の明治維新は、日本が行ったと言っても良い。

その近代化を具体的に進め、今でも台湾の歴史に刻まれる偉人達が沢山いる。「今の台湾があるのは、彼らがいたからだ」と言うのが、今でも台湾の人達の認識であり、その偉業は台湾の歴史教科書で教えられている。日本では、全くそのようなことが伝えられてない、教わっていないと言うことは大変残念でならない。

台湾の人達が、長い間、日本に対して好意を持ってくれているのは、統治されたと言う負の認識ではなく、台湾の近代化をやってくれたのは日本だ。今の台湾があるのは、日本のおかげだ。と言う認識が大きな理由と痛感している。

戦時中、日本が統治していた地域は、他国にもあるが、そのような国々での認識と台湾は全く異なるものとなっている。

・児玉源太郎（台湾総督）と後藤新平（医学博士）

日本統治時代に台湾総督として、児玉源太郎（山口県出身）が就任し、具体的な近代化を進めるために、総督府民生長官として、医学博士・後藤新平（岩手県出身）を日本から呼び寄せた。後藤は、医学学校の設立や下水道、鉄道の整備を進め、衛生状態やインフラ整備を大きく進めた。

後に後藤は、日本で関東大震災が発生した時の東京市長であり、その復興計画を立てた人物で、現在の東京の街並みや道路などは、彼が計画したものである。

台北市・西門駅の東には、日本統治時代に建てられた赤煉瓦づくりの台湾総督府があるが、その東にある二二八和平公園内には国立台湾博物館があり、その中には彼ら二人の銅像がある。

・新渡戸稲造（農学博士）

後藤はまた、農業を中心とした産業開発や経済発展を進め、台湾を近代化するために、日本初の農学博士・新渡戸稲造（岩手県出身）を呼び寄せ、サトウキビ栽培や製糖技術を伝え、製糖業によって台湾の産業化や経済を大きく発展させた。

現在、稼働している製糖工場は2工場だけになっているが、各地には昔の製糖工場が数多く現存し、リノベーションした観光スポットになっている。

現在でも台湾では、新渡戸のことを「製糖の父」と呼ばれているのを聞くと、本当に凄い人だったのだと言う思いが込み上げて来る。

・八田與一（土木技術者）

「台湾農業の恩人」と言われている日本人がいる。
台湾南西部には、嘉南平野と言う広大な農地が広がっていたが、熱帯の干ばつや豪雨による洪水が頻繁に発生し、安定した米の収穫などができなかった。その灌漑整備を行うため、東京大学出身の土木技師・八田與一（石川県出身）が呼び寄せられ、烏山頭ダムの工事を1920年から1930年までの10年間をかけて建設工事を指揮した。そして、その烏山頭ダムは、当時アジア最大規模のダムとなった
この間、台湾の地元の人々と共に献身的に働き、事故が起きた時も家族にも親身に対応したことから、現在でも台湾の人達から慕われている。
烏山頭ダムの完成により、不毛の地であった嘉南平野は、台湾最大の穀倉地帯に変わり、現在も嘉南平野を潤し、しっかりと稼動している状況である。

烏山頭ダムの完成後、八田は日本軍の命令により、フィリピンへの綿作灌漑調査のため、三人の部下と共に広島から船で出港したが、五島列島沖でアメリカの潜水艦の雷撃で撃沈され死亡した。日本敗戦後、妻の外代樹は悲しみ、夫の後を追うようにして、烏山頭ダムの放水口に身を投げて自殺してしまった。

現在では、このような八田の業績や生涯を紹介するため、烏山頭ダム周辺は「八田與一記念公園」として整備されており、八田の銅像やお墓、宿舎も復元され、記念館も併設されている。また、毎年命日である5月8日に、地元農家などでつくる嘉南農田水利会が慰霊祭を行っており、大変多くの方々が参加されている。

アジア最大の規模となった烏山頭ダム建設に人生を捧げた八田の業績や生涯は、台湾で非常に有名で、その業績を高く評価する人が多い。中学生向けの歴史教科書には八田の業績が紹介されていて、台湾では「台湾農業の恩人」と言われている。

日本では、八田の功績はあまり知られてなく、教育でも紹介されてない。

自分もこれまで一人の技術者として懸命に生きてきたが、八田與一の業績を目の当たりにし、その生涯に正面から向き合うと、自分はまだまだだ。八田に比べれば何もしていないと言う思いが強く募り、もっともっと社会のためにやらなければいけないと言う思いが強くこみ上げる。

日本統治時代には、植民地化と言うより、このような台湾のインフラの整備や産業発展のために献身的に人生を捧げた日本の偉人達が沢山いた。このことを知れば知るほど、その業績は大きく、そのことによって、日本人に対する台湾人の親日的な感情を理解できるようになった。このようなことは、台湾を訪れる日本人ならば、訪れる前に知っておいた方が良いと思う。

◯揺れ動く台湾

日本が統治した50年の間に、台湾の近代化は大きく進んだ。しかし、1945年の終戦によって、日本は台湾の領有権を放棄し、中華民国に返還した。

そして、返還された台湾は、蒋介石が率いる国民党が統治する中華民国となった。

しかし、中国本土から入って来た国民党と台湾民衆の間で衝突が発生、台湾各地での武力衝突が続き、多くの犠牲者が出た。それ以降、38年間に及ぶ厳戒令が敷かれることとなり、政治的自由や言論の自由が厳しく制限された。

その後、1976年に民進党が政権を取り、1987年の厳戒令解除を経て、徐々に民主化が進んできた。

今から20年ほど前に、民主的な総選挙が行われるようになって依頼、民主化が大きく進み、その後の選挙では民進党と国民党が交互に入れ変わり、その都度、国民党は中国大陸寄り、民進党は台湾独立寄り、と言う政治が繰り返されている。

ただ最近は、戦後世代が増えたことにより、「天然独」と呼ばれる第3極の人たちが台頭して来ている。

中国本土が「台湾は、中国の一部だ」と厳しく主張する中でも、「自分達は中国人でもなく、台湾人だ」、「台湾は、既に独立している」と躊躇なく主張する30歳以下を中心とした若者たちで、現在の台湾社会に大きく影響し始めている。

揺れ動く台湾は、国際社会の中で国として認められていない一面がある。日本とも正式な国交はない。しかし、古くからの経済や文化の歴史があり、密接な関係が維持できているのが現状で、台湾が揺れ動く状況の中でも、日本人は気ままに訪れることができ、台湾各地の観光も自由に楽しめることができるのだ。

○信頼の現れ、災害時の相互支援

・2011年3月の東日本大震災

東日本大震災が発生した直後、台湾政府や主要な人々が支援を表明し、テレビでも日本への義援金の呼びかけが行われた。赤十字などの義援金も含めた総額は200億円を超えた。その額は、世界各国からの義援金の中で2番目であり、その約9割が一般の方々からの支援であったと言うから、驚くべき内容だ。

かつて台湾の近代化に大きな業績を残した後藤新平や新渡戸稲造が、いずれも岩手県出身であったと言うことも大きく影響していると思う。

このような台湾からの支援に対して、翌月、日本政府は、首相名で感謝状を日本台湾交流協会経由で、台湾の馬英九総統へ送った。また、義援金活動などで貢献した台湾人４名に対しても叙勲も行った。

自分は、その大震災の2週間後に台北にいた。街中には、支援を呼びかける張り紙などの他に、「日本頑張れ！」と言う横断幕を見かけた。これを見た時、熱い想いが胸にこみ上げ、涙が出そうになった。

台湾の人達の日本に対する思いをしっかりと、自分が受け止めた瞬間であった。

また、２０１６年2月の台湾南部の台南で震度7の地震が発生した。日本政府は支援を表明し、また民間でも募金活動が始まるなど、各地から台湾地震の犠牲者に「東日本大震災の恩返しがしたい」と多くの支援活動が行われた。

そして、２０１６年4月に熊本で発生した熊本地震。その際にも、これまでと全く同様に、台湾からの支援が繰り返された。

馬英九総統をはじめ、次期総統・蔡英文、台北市長など主要な人達が、日本との交流があるからと何れも支援を表明し、民間レベルでの支援の輪へと広まった。

このように東日本大震災や台湾南部地震、熊本地震だけでなく、１９９５年の阪神淡路大震災、１９９９年の台湾大地震など、災害がある度に民間の力が強く働き、数多くの相互支援が現在も続いている。

このような相互支援が続くのは、台湾と日本は同じ地震大国だからという理由だけではなく、両国間には、古くからの長い信頼の歴史があるからだ。

・旅して感じる親日感情

台湾の高齢者には、日本語が話せる方が多い。街中のお店で言葉が分からずモジモジしていると、どこからか日本語が話せる人が出てきて、何とかなってしまう。日本統治時代に日本教育を受けた「日本語族」だ。自分も、これまでに何度も助けてもらい、こんな方と出会う度に、ホッとする気持ちになってしまう。

台湾のテレビでは、日本の社会や文化などの番組が多く見られる。街中でも日本に由来するものを沢山見かける。そんな時、いつも台湾人の親日感を感じる。

旅をする中で出会った人達は、自分が日本人だと分かっただけで、顔付きが柔和になったり、何かと手助けしてくれたり、非常に温かい思いを何度も感じた。

過去に、日本は台湾だけでなく、複数の地域を統治していたが、その中で台湾の人達の認識は、他の国々の認識とは全く違うものだ。

台湾人は、「日本統治時代に、台湾で日本人が行った功績を台湾人は忘れていない」と言う。こうした相互支援が繰り返されているのは、その証と言えるものだ。

台湾人は、そのような歴史を教えられ、多くの人達が認識している。

しかし、日本人はどうだろうか。このような歴史を知らない人が、大半ではないだろうか。学校教育でも、全く教わっていない。

台湾には、日本に由来する地名や史跡、歴史が沢山ある。

これまでの歴史を振り返る中で、台湾へ住み着いた多くの日本人もおられる。東部の街中では、そのような方々に出会うことが多い。その度に、過去の歴史と現在について、いろいろと考えさせられることが多いのが私の印象だ。

日本人にとって、台湾が人気の渡航先となり、多くの日本人が親日国だと安心して訪問しているが、過去の歴史を知って訪問することも大変意義があると思う。

日本人ならば、訪れる前に知っておきたい歴史が数多くあると言う認識があれば、その旅行も、何倍も価値あるものになると思う。そういう点で、自分はまだまだまだ勉強が足りない。もっと勉強しなければと感じることが多い。

第８章
台湾旅に必要な情報

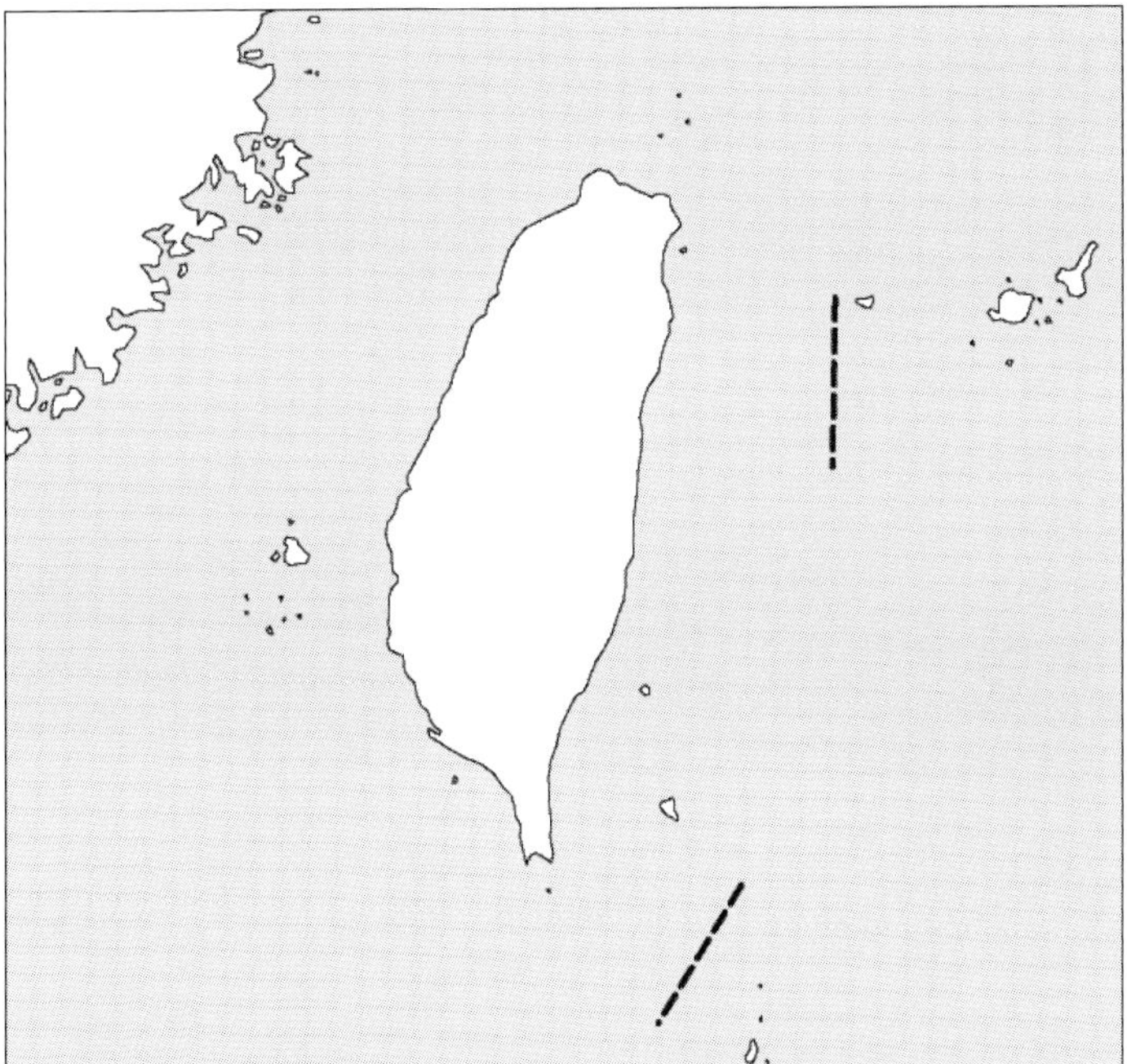

8. 台湾旅に必要な情報

○正式な国交がない台湾と日本

1972年、日本は中華人民共和国（中国）と国交正常化に関する共同声明に調印した。当時の外相は、「日中関係正常化の結果として、日華平和条約は存続意義を失い、同条約は終了した」と述べた。これに対して、中華民国（台湾）政府は即日外交部声明を出して、日本との国交断絶を宣言し、事実上の国交がなくなった。

しかし当時、台湾には在留邦人約4，000名が滞在し、年間約18万人の日本の旅行者もあった。また、台湾との間にビジネス関係がある企業は約400社、日本の輸出相手国第3位であった。一方、中華民国においても、日本は輸入相手国の第1位、輸出では第2位と言う大変強い経済関係がある国だった。

○実質的な公的事務を担う、公益財団法人日本台湾交流協会

正式な国交がなくなってしまったが、経済や文化面などで、非常に結び付きが強いため、外務・経済産業両省共管の認可団体として、公益財団法人日本台湾交流協会が設立され、

準公的なパイプ役として、両国間の公的事務を行っている。

入域や滞在、子女教育、学術、文化交流等をはじめ、日本と台湾との間の貿易、経済、技術交流等の諸関係を円滑に維持、遂行している。

現在、１９７２年当時に比べて、両国間の関係は遥かに密接な状況となっている。台湾への日本人旅行者は、当時の１０倍を超え、台湾からのインバウンドも大変大きいのが現状である。経済関係においても、輸出入のランキングは当時とほぼ同様の関係を維持している。

正式な国交がないため、大使館や領事館は存在しないが、実質的なその役割を果たしているのが、この日本台湾交流協会である。現在、日本のパスポートがあれば、ビザなしで他国と同様に気軽に入国でき、何の監視もなく、台湾各地を自由に訪れることができる。大変ありがたい存在である。

もし、台湾で重大な事態となった場合は、この日本台湾交流協会が対応してくれるだろう。台湾内には、台北と高雄に事務所がある。

日本語のホームページは、しっかりと情報提供が整備されている。

・台北事務所

台北市松山区慶城街２８号通泰商業大楼

電話：（市外局番０２）－２７１３－８０００
台湾域外からは（地域番号８８６）－２－２７１３－８０００
ホームページ：http://www.koryu.or.jp/taipei/

・高雄事務所

高雄市苓雅區和平一路８７號９Ｆ、１０Ｆ南和和平大樓
電話：＋８８６－７－７７１－４００８（代表）
勤務時間：月曜日～金曜日
午前9:00～12:00　午後1:30～5:30
査証窓口：午前9:00～12:00　午後1:30～4:00
領事窓口：午前9:00～12:00　午後1:30～5:00

○観光情報が豊富な、台湾観光協会

台湾の観光情報は、日本の書店では溢れるほどに豊富だ。旅行会社の旅行ガイドや資料も非常に豊富にある。もう少し現地に踏み込んだ情報が欲しければ、東京や名古屋、大阪

には、台湾観光協会の事務所があり、台湾各地の詳細な情報が数多く提供されている。日本語での台湾各地の情報や地図など、資料も豊富だ。観光協会のホームページも大変充実しており、自分は情報を得るために。いつも見ている。

自分は資料が必要な時に、立ち寄って資料をいただき、相談することも多い。

東京事務所　０３・３５０１・３５９１　東京都港区西新橋１・５・８　川手ビル３階

大阪事務所　０６・６３１６・７４９１　大阪市北区西天満４・１４・３　リゾートトラスト御堂筋ビル６階

中部連絡所　０５２・６８４・８１８８　名古屋市中区丸の内３・１９・１４　林敬ビル４階

◯自転車でのサイクリング情報

・交通部観光局のガイドブック

台湾観光協会の各日本事務所では、相当な各地域の観光情報が入手できる。サイクリング情報については、環島のための「台湾一週サイクリングガイド」や各地にある自転車道を紹介した「台湾自転車旅行」を発行している。

・インターネットでの情報

臺灣自行車節　Taiwan Cycling Festival
https://taiwanbike.tw/
自転車道や観光スポットなど、自転車に関する大変多くの現地情報が見られる、臺灣交通部観光局の公式サイト。

環島の全体情報
環騎圓夢 - 交通部運輸研究所
http://itaiwanbike.iot.gov.tw/
このサイトを見れば、環島の全コースや休憩所などの情報が調べられる。

騎遇福爾摩沙 Formosa 900
http://formosa900.giant.com.tw//
財團法人自行車新文化基金會が毎年行う台湾一周サイクリングイベント・フォルモサ900（FORMOSA900）。
台湾のみならず世界から集まったチームが、台湾を一周する。

臺灣自行車登山王挑戰　Taiwan KOM Challenge

http://www.taiwankom.org/

花蓮から、東アジア最高地点・武嶺（標高3,275m）まで、距離106km、獲得標高6,760mを一気に登るヒルクライム。

・環島するサイクリングツアー

環島するための旅行社のツアーが存在するのも、台湾の大きな魅力だ。

台湾各地を走っていると、このようなツアーで走るチャリダー集団と時々出会う。

彼らには、白く大きなワンボックスのサポートカーでメカニックなどが同行しており、参加者の荷物の搬送や緊急時の対応なども万全だ。ホテルや食事、給水なども心配することなく、安心して走行に集中することができる。羨ましい限りだ。

GIANT ADVENTURE／捷安特旅行社

環島が台湾でブームになったのは、GIANTの創業者である劉金標（キング・リュー）が、73歳で環島を成功させたことで、サイクリングの素晴らしさが台湾全体に伝わり、環島サイクリング文化といて築きあげられてきた。

GIANT ADVENTURE／捷安特旅行社は、そのGAINTオフィシャルの環島旅行会社として、いろいろな環島ツアーを提供している。

参加者の体力や日程、費用などに応じて、ツアーを選ぶと良い。

http://www.giantcyclingworld.com/travel/index.php

日本では、ダイナスティホリデーが旅行代理店として取り扱っている。

◯台湾での地図情報とルートナビ

自分の自転車では、常にGARMINのサイクルコンピュータを使っている。

国内はもとより、海外を走る時は提供されている地図情報が入ったマイクロSDを入手すれば、海外でも国内のカーナビと同じように明確にルートを案内してくれるため、大変重宝する。でも、台湾の地図情報は、国防上の理由なのか、GARMINからは提供されていない。

そのため、通い始めた頃は、紙地図を基にして走行していたが、これが非常に厄介なのだ。台湾などの中国系の街は、中山路◯段や民生路◯段などと、どこも同じような名前の通りが表記されて非常に複雑で、日本人には全く頭に残らない。

停車して、紙地図を何度も眺めて道を確かめる。それでも、何度も道に迷って、今どこに居るのかも分からなくなることが非常に多かった。

しかし、スマホが普及してからは、その環境が一変した。特に、グーグルマップの出現は画期的で、チャリダーにとって、その恩恵は極めて大きい。

台湾のゴミゴミした街中でも、遠くにロングライドする時でも、国内と同じようにルート検索やナビが行える。これは凄い。もう街中で、道に迷うことが殆どなくなり、台湾での走行は、飛躍的に快適となった。

国内でもそうだが、ロングライドするチャリーダーにとってスマホは必須ツールとなった。ただ注意すべきは、一日の走行ではバッテリー容量がまだ足りない。そのため、予備バッテリーや充電用のアダプターは必須だ。

自分の場合は、ホテルに着くとシャワーを浴びる前に直ちに、複数口のＵＳＢが付いた小さなＡＣアダプターに、スマホと予備バッテリー、ＧＡＲＭＩＮを繋いで充電を始める。

走行中は、スマホのバッテリーが少なくなってきたら、予備バッテリーをライトニングケーブルで繋いで充電しながらの走行を繰り返す。そのためには、予備バッテリーを入れるトップチューブバッグなどが必須だ。

ただ、雨の中の走行では、接続端子がやられる可能性が高いので、しっかりとした防水対策をしないといけない。自分は、予備バッテリーとスマホと接続端子の部分までを別々のビニール袋で厳重に包み、雨水が侵入しないように何とかやり過ごしている。薄いビニールは、導電性があるので、スマホ操作も可能だ。

グーグルマップ

常時通信は、バッテリーをかなり消費するので、必要最小限にすること。また、ネットが繋がらない場所で利用するためには、事前に、行き先のグーグルマップの地図データをスマホにダウンロードしておけば、スマホのＧＰＳ機能だけで、ルートナビなどが可能となる。

操作は、グーグルマップのメニューボタンにある「オフラインマップ」だ。ただ、地図データが提供されてない場所もあるので、事前に行うことが賢明だ。

MAPS.ME

オフラインマップのアプリで、予め必要な場所の地図データをスマホへダウンロードしておき、ＧＰＳ機能だけで動作する。現在位置表示やルート検索ができる。グーグルマップに比べると表示や検索機能は劣るが、全く通信ができない深い山中などでも利用できるので、自分がこれまで安心して多用して来たアプリだ。

世界中の地図が提供されており、頻繁に更新されるので、結構利用価値は高い。

◯通信環境

現在の海外旅行では、通信デバイスが必須のものとなった。特に、チャリダーにとっては、その利便性は極めて高い。

台湾は、日本に比べて、その通信環境は進んでいる。空港の到着ロビーに出ると、直ぐにＳＩＭカードやＷＩＦＩルーターなどを提供するショップが沢山並んでいる。

スマホがＳＩＭフリー端末ならば、現地のＳＩＭカードを買うことが何よりも賢明だろう。

ＷＩＦＩ環境は、空港や駅、街中などの公共の場所だけでなく、レストランやカフェ、どんな小さなホテルでも必ず設置されているので、そこに行ってＰＷを聞いて登録すれば直ぐにネット接続ができる。

日本で使っている環境のまま、台湾でも使いたい場合には、国際ローミングのサービスを日本で事前登録して行けば、現地に入った時に、そのサービスの開始操作をすれば、普段通りに使える。ただ、費用や通信量などの条件があるので、必要に応じた選択が必要だ。

また、電源は日本と同じ１１０Ｖで、コンセントも同じ２極式なので、変圧器などは必要ない。

○台湾各地の気象情報

台湾のテレビでの天気予報は、日本と同様に非常に多く放送されている。朝夕のニュースでは画面の左下にその日の天気や気温などが常時流されており、天気をうかがうことができる。しかし、亜熱帯や熱帯地域であり、日本に比べて天気が安定してないため、霧雨に会うことが多い。天気予報の確立も日本ほどには高くない。そのため、自分の自転車旅では、いつ雨に会っても良いように準備と心構えをしている。その準備があれば恐れることは何もない。

台湾での天気予報は、次のようなインターネットのサイトで確認できるので、参考にしていただきたい。

25日先までの天気予報　「AccuWeather」
1時間毎の気象情報が分かる、「台湾交通部中央気象局」の天気情報
過去の気温や降水量が分かる、「msn の天気」

○快適に台湾を走るために

・宿泊するホテル

台湾のホテルの料金システムは、日本とは少々異なる。一人一泊いくらと言う人数料金ではない。シングル部屋は殆どなく、ツインやダブル部屋が標準で、部屋に応じて一部屋いくらと言う部屋料金だ。従って、人数が多ければその分、割安となる。

自分の自転車旅は、国内でも海外でも同様だが、格安のホテルに宿泊し、出会ったところの食堂やコンビニで食事をするスタイルだ。

ホテルは、最初と最後くらいはネットで予約を入れるが、その途中は行った先で探すことが多い。安いところを探すと、連れ込み宿だったと言うことも多い。

ネットでの格安サイトは便利だが、値段だけで予約してしまうのはかなりリスクがあるので注意が必要だ。

最近は日本でも、２段ベッドを複数並べたコンドミニアムが増えているが、台湾での格安ホテルはこの形式が多い。朝起きると、寝る時にはいなかった異国人で一杯と言うことになる。これでも構わない、これが良いという人もいると思うので、自分が満足できるスタイルのホテルを選ぶことが必要だ。

自分が台湾をめぐる際に安心して使っているサイトは、ａｇｏｄａやエクスペディアが多く、リスクが大きい他のサイトは利用しない。

・軽量・コンパクトな装備と心地よく走るために

自分の旅自転車は、ＧＩＡＮＴのロードバイクだ。

国内も海外も、この自転車で必死にひたすら走る。

長旅の時は、最近多くなってきたバイクパッキングスタイルで、大きなサドルバッグをシートポストとサドルに固定し、その中に全ての荷物を収納して走る。サイドキャリアを付ける大きなサイドバッグは走行範囲が狭まるので使わない。

自分の脚力では、１日２００ｋｍくらいが限界だ。サイドバッグのような大きな荷物があると一気にその距離が短くなり、走る範囲が狭くなる。ロードバイクでのバイクパッキングは、現在、最も行動範囲が広くなる自転車旅のスタイルだ。

ライド中は吸水性・速乾性に優れたサイクルウエアを着て走り、到着後には簡易な服に着替えて街へ出かける。服は通常、この2種類しか持って行かない。冬など、寒い日本を出発する際に必要な防寒着などは、到着後の自転車バッグの中に詰め込んで、現地の空港やホテルにデポする。

毎日の走行で、サイクルウエアは汗でビショビショになるが、到着したホテルで先ずシャワーを浴びて汗を流し、そして、サイクルウエアを手洗いすることが日課だ。

手洗いしたウエアは、次のようにすれば、必ず一晩で乾き、次の朝には快適に着ることができるようになる。疲れた体に鞭打って、毎日これを繰り返すのは大変だが、大きな荷物を携帯するよりは遥かに機動性が高い。

ホテルに洗濯機があれば、それを使うことが一番だが、安ホテルには殆どないので、手洗いというのが現実的だ。その手順は、

①シャワールームで、洗濯して、しっかりと手で絞る。

②備え付けのバスタオルを床に敷き、その上に服を一枚ずつ置いて、バスタオルで巻き寿司のように巻く。

③巻いたバスタオルを上から入念に足で踏み、水分をバスタオルに吸わせる。これが最大のポイントで、一枚ずつやれば相当な水分が取れる。もし、バスタオルが1枚しかなければ、ホテルで追加を貰えば良い。

④水分をとった服は、室内、できれば室外に干す。

これで出来上がりだ。次の朝、これを着て、また快走することができる。

○航空機での輪行

自転車を台湾に運ぶには、しかりとした輪行バッグにいれてカウンダーに預け、預け荷物として運んでもらう。通常使う軽量で薄い輪行袋でも運べるが、取り扱いに非常に不安が残る。

自分は、海外に運ぶ際は、必ず厳重なシーコン・エアロコンフォートバッグを利用している。段ボールの利用なども考えられるが、繰り返しの利用や到着後の空港やホテルでのデポを考えると、デメリットが多い。

預け荷物として預ける時には、タイヤの空気は必ず抜いておくことが必要。

航空会社によって、預け荷物の条件が異なるので事前に確認して、その条件に合うように準備する必要がある。条件超えの場合は、追加料金の請求や受付拒否と言った最悪の事態も発生する。

特に、寸法が大きく超える場合は、その可能性が高くなる。

自分は行きも帰りも、搭乗時に身の回りの物以外は全て、このバッグに詰め込んで、身軽になって搭乗する。特に帰りは、土産物や汚れ物を詰め込めるだけ詰め込んでも大丈夫なので、大変重宝する。

日本航空　３辺の長さ合計が２０３ｃｍ以内。重量が２３ｋｇ以下。
全日空　３辺の長さ合計が２９２ｃｍ以内。重量が２３ｋｇ以下。
チャイナエアライン　寸法制限なし。重量が３０ｋｇ以下。
エバー航空　３辺の長さ合計が１５８ｃｍ以内。重量が２３ｋｇ以下。
ジェットスター　寸法制限なし。重量が３２ｋｇ以下。

○リスク管理と緊急連絡先

台湾の治安は、日本と同じくらいだと言っても良いと思う。

ただ、日本ではない外国であることを忘れてはいけない。法律や社会秩序も違うところが多い、郷に入れば郷に従う慎重さや社会的なモラルは必要だ。また日本と同様に、社会常識やモラルがない人達もいることも同様、そのような人達がいることも、前提で行動しないといけない。

台湾で個人旅行をするなら、ある程度の現地情報は必要だ。言葉も、少しの北京語くらいは必要だ。若い人達は、日本同様に英語はある程度通じる。また台湾での公用語は北京語だが、現地では台湾語を話している人達も多く、北京語では通じないことも多い。

・緊急連絡先　警察：１１０、救急・火災：１１９

・中国語ができない場合は（台北市と高雄市のみ）

台北市警察局　外事服務站（２４時間）：０２‐２５５６‐６００７

高雄市警察局　外事服務站（２４時間）：０７‐２１５‐４３４２

・頼りになる海外旅行保険

台湾は海外なので、病気やケガ、盗難、交通事故など、緊急事態となった場合、その連絡や対応には困難が予想される。病院での医療費は、日本の保険医療制度とは全く違うので、想像以上に高額となる。

その対応のためにも、海外旅行保険の加入は必須だ。

また、クレジットカードには海外旅行保険を付帯しているものも多くあり、自分はいつもこれを利用している。

日本の大手クレジットカード会社は、台湾から日本語で通じるカスタマーセンターを設けているので、事前にクレジットカード会社での補償内容や連絡先、連絡方法などを確認し、その情報を携行することが賢明だ。備えがあれば、安心して旅行ができ、もしもの時も慌てることなく、着実な対応が可能となる。

どこの病院へ行けば良いかなども、指示をもらうことができる。

・**日本語が通じる病院**

日本語が通じる病院例を示すが、そのような病院があるのは、台北や台中、高雄など大都市だけなので、地方へ行った時は、特に十分な注意が必要だ。

台安醫院　国際特診センター　０２‐２７７６‐２６５４（台北市松山區八德路２段４２４號）

馬偕紀念醫院　０２‐２５４３‐３５３５（台北市中山北路２段９２號）

天母英明診所　０２‐２８７４‐５９５８（台北市士林區天母東路６９巷７號）

陳詩明醫師診所　０２‐２７３１‐６５３０（台北市大安區忠考東路４段１２６）

輝雄診所　０２‐２５６０‐２５８６（台北市中山區吉林路３０２號）

仁愛内科診所　０２‐２４２２‐３２５５（基隆市仁愛區考三路８０號）

敏盛総合醫院　０３‐３１７‐９５９９（桃園市經國路１６８號）

仁愛醫院大里院區　０４‐２４８１‐９９００（台中市大里區東榮路４８３號）

東興診所　０４‐２２５９‐１０２５（台中市南屯區大業路５０８號）

高診所　０４‐２２３４‐１０３２（台中市北屯區北屯路２８１號之２）

衛生署花蓮醫院　03・835・8141（花蓮市中正路600號）
基督教門諾會醫院　03・824・1234（花蓮市民權路44號）
高雄醫学大学附設中和紀念醫院　07・312・1101
（高雄市三民區十全一路100號）
蔡忠雄外科診所　07・226・5701（高雄市新興區五福二路10號）

・虫刺されの危険性と処置

台湾は、亜熱帯と熱帯の地域だ。美しい自然の風景に心癒されるが、日本とは違う生物や植物が存在しており、寄生虫を宿しているものや有害な植物などもある。茂みの中には、安易に立ち入らない方が良い。

これまでの経験で、ハエかと思ったら、ブユだったと言うことが何度もある。ハエは不衛生なだけだが、ブヨは、蚊のように皮膚を刺すのではなく、噛み切って吸血し、毒素を注入するので、蚊よりも痛みが強く、熱を持って痒みもひどい。ブヨに噛まれると、小さな出血点が残り、最初は小さな赤い斑点が2～3倍に広がる。

チャリダーの場合、足など露出部分が多いので、特に足をやられることが多い。

1カ所だけでなく、何カ所も一気にやられることが多く、そのままにしておくと次の日は、最悪の状態となる。

刺された場合、「ステロイド外用薬」を塗るのが効果的で、自分は小さな塗り薬を常に携行して、やられたら直ぐにその場で塗り、ホテルでシャワーを浴びた後にも、もう一度塗って、何とかなっている。ステロイド外用薬は、台湾では必須の携行薬だ。

予防をするなら、皮膚の露出がないように、長袖長ズボン、長めの靴下などの着用が賢明だと思う。

あとがき

台湾へ自転車で通い始めて7年間で、５０００ｋｍ程を走った。

この本には、その一部しか紹介できなかったが、主要な観光スポットや環島、そして日本と台湾の関係や歴史などを紹介することで、少しでも多くの方々に台湾サイクリングの素晴らしさや日本と台湾の歴史、そして親日感情に理解を深めていただき、台湾を訪れよう、自転車で走ろうとする人が増えれば、大変幸せに思う。

台湾を走れば走るほどに、台湾の人々の優しさ、特に、日本人だと分かった時の彼らの表情、そして優しさには本当に癒される。また、日本との関係を各地で散見し、その歴史を知れば知るほど、不勉強だった、日本人ならば、もっと知っておかなければいけないと言う思いが胸に強くなった。

日本の教育では、全く教わっていない。でも、台湾の人達はちゃんと教わり、殆どの人達が、「今の台湾があるのは、日本人のおかげだ」と思っている。

そんな思いと理解が、この本を書こうと思う契機になった。

本を書くにあたって、改めて歴史や資料を確認する中で、今まで以上に、そのような思いが更に強くなった。この本を通じて、そんな思いや理解が多くの方々に広まれば、これから先の台日関係にもお役に立てるのではないかと期待もする。

・自分は、I型糖尿病患者

自分が自転車をはじめたのは、高齢になったある日に、I型糖尿病と宣告され、その運動療法としてペダルを漕ぎ始めた。I型は、膵臓が死滅しインスリンが出ないので、毎日食前のインスリン注射が欠かせない。自分の場合は、1日に4回だ。

しかし、自転車のおかげで、この10年間の平均ヘモグロビンA1Cは6．2と言う健康な範囲を維持できている。台湾を走る時も、インスリン注射や血糖値測定器を携帯しながら走る。

環島の時は、一日の走行で約5000kcalを消費した。これを補うために40km位を目安に、おにぎりやバナナなどを補給食として取る。走行中はインスリン注射を行わず、朝食や夕食時にしか打たないが、次の朝の血糖値は110から120位で問題ない数値となる。この理由は、自転車での激しい運動によって、体全体の細胞にある糖分を受け取る役割の受容体が活性化し、血中の糖分を自ら取込む量が増加するからだ。運動療法の大切さを体で痛感させられる毎日だ。

自分のような高齢のI型糖尿病患者でも、環島ができるのだから、多くの糖尿病の方々に参考になれば良い。そして、色んなことにチャレンジして欲しいと思う。

I型糖尿病でも、必要な知識と実践があれば、健常者以上に楽しめる。そして、健康維持ができると言うのが自分の持論だ。糖尿病の皆さんに、確実な知識と実践があれば、いろいろなことができる。臆することは何もない。頑張ろうと伝えたい。

・台湾社会に、大変大きな貢献をしてきたＧＩＡＮＴ

自分はある時、傷心な思いで台湾を訪れ、台湾の自転車環境に驚き、台湾の魅力にハマってしまい、毎年自転車で訪れることになってしまった。

日本とは全く違った異次元の世界だった。日本でも、自転車レーンや自転車道整備は進められているが、台湾はその比較対象のレベルではないことに気づき、その理由を探って来た。

そのような環境を先導してきたＧＩＡＮＴの取り組みは、驚嘆に値するものだと痛感している。自転車企業として創業し、世界最大の自転車企業となったことだけでも凄いが、台湾の自転車文化、とりわけ環島という社会文化を作り上げた功績は非常に大きいと常々感じている。

環島をしている人達は皆、環島の魅力や様々な想いを心の中に抱き、自分は今、環島を頑張って走っているだと言う強い思いを感じているからだ。こんなに素晴らしいことはない。

台湾では、「台湾人ならば、いつかは環島しなければいけない」と言う話が度々出て来る。そんな文化を作り上げたＧＩＡＮＴの取り組みは何と素晴らしいことだと思う。

こんな文化が日本にも出てきたら、きっと自転車環境整備ももっと進むだろうと、いつも思っている。

2018年初めに、自分が住む街の自転車屋さんへ、GIANTの共同創業者で元CEO（最高経営責任者）の羅祥安（トニー・ロー）氏が来られることになった。

幸運にもお会いする機会をいただき、お話する中で、この本を出版する準備をしていることをご説明したら、大変喜んでいただいた。とても光栄な瞬間であった。

この本を契機に、台湾の自転車環境を理解していただき、台湾を走ってみたい・走ろうと言う人達が一人でも多くなれば良い。また、日本と台湾の歴史や文化についても、少しでも多くの理解や認識が深くなり、訪問者が増えれば良い。そして、日本の自転車環境整備などにも参考となれば良いと思って、執筆した次第である。

2018年4月　神谷　昌秀

美麗島・台湾 自転車紀行

二〇一八年四月三十日　初版第一刷発行

著　者　神谷昌秀

発行者　谷村勇輔
発行所　ブイツーソリューション
〒四六六・〇八四八
名古屋市昭和区長戸町四・四〇
電　話　〇五二・七九九・七三九一
ＦＡＸ　〇五二・七九九・七九八四
発売元　星雲社
〒一一二・〇〇〇五
東京都文京区水道一・三・三〇
電　話　〇三・三八六八・三二七五
ＦＡＸ　〇三・三八六八・六五八八
印刷所　藤原印刷

ISBN978-4-434-24546-6